大夏书系 | 不同文体的教学

童话的阅读与教学

总主编 王 红 徐冬梅

吉忠兰 著

华东师范大学出版社

·上海·

图书在版编目（CIP）数据

童话的阅读与教学 / 吉忠兰著.
—上海：华东师范大学出版社，2023
ISBN 978-7-5760-4006-7

I.①童… II.①吉… III.①阅读课—小学—教学参考资料 IV.① G624.233

中国国家版本馆 CIP 数据核字（2023）第 120433 号

大夏书系 | 不同文体的教学

童话的阅读与教学

总 主 编	王　红　徐冬梅
著　　者	吉忠兰
策划编辑	李永梅
特约策划	亲近母语
责任编辑	万丽丽
责任校对	杨　坤
装帧设计	奇文云海 · 设计顾问
出版发行	华东师范大学出版社
社　　址	上海市中山北路 3663 号　邮编 200062
网　　址	www.ecnupress.com.cn
电　　话	021-60821666　行政传真 021-62572105
客服电话	021-62865537
邮购电话	021-62869887
地　　址	上海市中山北路 3663 号华东师范大学校内先锋路口
网　　店	http://hdsdcbs.tmall.com/
印 刷 者	北京密兴印刷有限公司
开　　本	700×1000　16 开
印　　张	15.5
字　　数	236 千字
版　　次	2023 年 9 月第一版
印　　次	2023 年 9 月第一次
印　　数	6 100
书　　号	ISBN 978-7-5760-4006-7
定　　价	65.00 元
出 版 人	王　焰

（如发现本版图书有印订质量问题，请寄本社市场部调换或电话 021-62865537 联系）

总 序
做这个时代的点灯人，下一个时代的开启者

1983 年我初中毕业，成为一名中师生。有幸遇到自己的文学启蒙老师，并在 20 世纪 80 年代的改革开放大潮和文学氛围浓厚的校园里，阅读和成长。虽然后来也有深造和访学研修的机会，但在真正意义上，阅读是我的大学。阅读给了我内在的耳朵和内在的眼睛，让我拥有了丰富的精神世界和独立的思考能力。

1988 年，我成为扬州师范学校的老师，任教小学语文教材教法这门专业课。给我的学生，这些未来的老师，讲小学语文课程是怎么回事，小学语文教材怎么样，小学语文应该怎么教。当我带着一定的文学阅读和人文阅读的积累，来研究和审视小学语文课程、教材、教法的时候，确实有很多困惑。

学语文，只读一本语文教材够吗？学语文，需要做这么多作业吗？看拼音写词语，组词造句，改错别字，近义词、反义词……这些跟提高语文水平有多大关系呢？没有阅读，孩子们的时间就天天浪费在这些无聊的练习里；没有阅读，老师们的时间就天天浪费在批改这些无聊的作业里。在这样的氛围里，语文教学少、慢、差、费的状况能改变吗？在我最初教学、研究和困惑的过程中，20 世纪末，一场关于语文教育的大讨论发生了，这次讨论也直接引发了国家第八次基础教育改革。

带着这些困惑，我研读了由著名语文教育家洪宗礼先生等人主编的中外母语教材比较研究丛书。这套丛书，尤其是《中外母语教材选粹》《中外母语教材

比较研究论集》《外语文教材评介》，在网络尚不发达的当时，为我打开了一扇窗。更多的文学经典、文化原典，专题性学习、新颖而具指导性的阅读练习设计，让我看到了语文课程和教材建设的另一种可能。

在这个基础上，我对我国和新加坡的语文课程标准进行了考察，重点梳理了课程标准、教学大纲中对于阅读，尤其是阅读量、阅读内容等论述的沿革，并在 2002 年 10 月的《语文教学通讯·中国小学语文教学论坛》上发表了《华语地区课程标准中关于课外阅读的论述之比较》一文。通过对中外母语教材的研究，对近代以来华语地区语文课程标准关于阅读的论述的研究，以及对很多文化大家成长经历，包括自己成长经历的反思，我其实已经初步确立了自己的语文课程观。我认为，阅读应该是语文学习的核心环节，更是终身学习的基础，自我教育的路径。也就是说，阅读不仅是语文学习，也应该是一切教育的基础。

带着自己的研究心得，我去拜访扬州大学著名的语文教育家顾黄初先生。顾先生对我说，要研究和改革当代的语文课程，必须有历史的眼光，他建议我一定要读一读《中国古代教育史》《中国近代教育史》《中国现代语文教育史》。读完这几本书，我更坚定了自己的认识。

在我的教学和研究过程中，中国的师范教育体制，经历了由三级师范向二级师范过渡的历史进程。2009 年后，我基本不再在学校任教，专心从事亲近母语的研究、实践和推广。但 20 多年来，在师范体系里学习、阅读和成长的经历，让我对教师教育有很深的热爱，对中国的师范教育的发展有深切的感受，对如何培养高质量的师资有深入的思考。

2001 年，教育部颁布《全日制义务教育语文课程标准（实验稿）》，明确了义务教育阶段学生应该诵读的古诗文，以及课外阅读量。其中，小学阶段应完成 145 万字的阅读量。一、二年级完成 5 万字，三、四年级完成 40 万字，五、六年级完成 100 万字。如何才能完成这些阅读量呢？如何培养出重视儿童阅读，自身具备一定文学素养的阅读老师呢?

2001年,亲近母语总课题组成立。2003年,亲近母语机构创立。最初,我们是通过落实新课标提出的课外阅读量这个角度,来进行语文课程的完善和建设。这个时期,互联网开始兴起,通过最初的互联网,我了解了20世纪六七十年代,从美国开始,逐渐扩展到西方发达国家的儿童阅读运动。我们逐步将亲近母语定位在通过儿童阅读,而不仅仅是课外阅读,来促进小学语文教学和儿童母语教育。

我们通过亲近母语课题研究和实验,凝聚了一批真正关心童年和教育,理解儿童阅读的意义,具备深厚素养的相关学者,以及一批觉醒的点灯人,倡导更多的小学语文老师,不仅带孩子们学习语文教材,更要做教室里的点灯人,把经典的图画书和儿童文学带给孩子们。

2004年,亲近母语举办了首届儿童阅读论坛暨亲近母语教育研讨会。2007年暑期,亲近母语举办了第一期儿童阅读种子教师研习营。2010年,举办首届儿童母语教育论坛,给在教室里带领孩子们阅读的老师们以平台,展现他们的探索和实践。这些论坛和研习营,完全不同于一般的语文教学研讨会,不只是教学观摩或者赛课,也不是仅仅谈教学技能、教学设计,而是着眼于培育有一定人文底蕴、文学素养,又能懂得儿童、理解教育真意的老师。因此,在论坛立意、内容策划、研习营的课程设计等方面,都充分体现亲近母语的理念,以及对具有儿童阅读素养的阅读师资的价值追求。

随着儿童阅读的推展和深入,儿童阅读对小学语文教学、书香校园建设、师资培养的影响越来越显著。很多教育行政领导、校长跟我交流,他们在做书香校园,或者推进儿童阅读,但严重缺乏好的阅读师资。一些接受了儿童阅读启蒙的老师对我说,他们希望成为一名阅读老师,可是不知道该怎么做,该如何学习和成长。更多的家长朋友说:我希望孩子的语文老师能够告诉我们,我们孩子该读些什么书，最好老师能领着我们的孩子读书。

亲近母语希望能用自己20年来的研究、探索和实践，为体制内外的学校培养优秀的儿童阅读教师。

培养什么样的老师呢？我们希望寻找和培养新一代的儿童阅读老师，他们自性光明，他们渴望成为真正的师者、真正的人师，他们愿意和孩子们一起在阅读和学习中共同成长。

在十多年举办儿童阅读论坛、儿童母语教育论坛和线下儿童阅读种子教师研习营的基础上，2020年8月，亲近母语研究院和华南师范大学教师教育学部正式合作，推出了儿童阅读师资能力认证项目。该认证包含初级、中级和高级认证（暂未开放），以专业的儿童阅读理论为基础，围绕儿童阅读师资培养的内在需求，建构了专业而完整的课程和认证体系。

儿童阅读师资能力认证的学习内容体系，分为"道、学、艺、术"四个层面。

道，是帮助老师们通过阅读、学习和实践，来完善自己的儿童观、教育观，激发和培育他们对儿童、对阅读、对教育热忱的爱。

学，主要是提升教师的学养。一个合格的儿童阅读教师，必须具备基本的儿童文学的素养、一定的文学和母语素养、较好的文本欣赏和阐释能力、一定的人文和通识素养等。

艺，主要是提升教师的教学素养。一个合格的儿童阅读教师，必须具备基本的诵读能力、讲述故事的能力、和孩子聊书的能力、策划阅读活动的能力等。

术，要能够具有基本的案例设计、阅读教学的技能，掌握和孩子阅读不同文本的要点，具备在读书会上设计阅读话题的能力，具备培养更多儿童拥有自主阅读能力、习惯的能力和方法等。

华南师范大学教师教育学部王红部长，是我国教师教育、基础教育方面的研究专家，她提出了基础教育教学范式应从"输入为本"到"输出为本"，并把这种教学方式推演到教师教育的领域。在儿童阅读师资能力认证建构过程中，我们借鉴了这种思想，将儿童阅读师资认证的学习过程，设计为"读、学、练、考"四大模块，过程性及结果性评价兼备，帮助老师们实现最大化的学习效果。

读，为老师们推荐专业阅读书籍和童书书单。让老师们通过研读，具备基本的儿童文学素养，和对儿童阅读、文学理论的基本了解。

学，提供系统的儿童阅读指导课程，帮助老师们系统掌握基本理念和实战操作要领，具备基本的专业基础。

练，注重实践性操作，学练结合，让老师们在学习过程中，结合每一个学习专题，进行实战练习。同时为老师们提供社群专业指导，答疑解惑。

考，师资能力认证课程均需通过考核，才能获得认证证书。平时课程学习、练习学分比较重要，考试需要通过客观题、主观题考核，并提交结业案例设计和视频。

初级师资认证课程，需要阅读 4 部专业理论书，40 部经典童书。参加学习的老师，将建立正确的儿童观，具备儿童阅读的基本素养；基本掌握实施儿童阅读的方法和策略；掌握儿童阅读课程教学基本范式，具备设计儿童阅读案例的能力。

中级师资认证课程，需要阅读 6 部理论书籍，60 部经典童书，具备不同文体的欣赏和教学能力。参加学习并通过认证的老师，将建立正确的儿童观、教育观，具备比较扎实的专业素养和准确的文本欣赏能力。他们需要在初级掌握了儿童阅读课程教学基本范式的基础上，重点学习和掌握诗歌、童话、儿童故事、小说、神话传说、散文、非虚构作品等不同文体教学的基本范式，从而提高阅读教学水平，全方位掌握儿童阅读组织、实施和评估的方法，具备打造儿童阅读环境、组织班级读书会、开展阅读活动、评估儿童阅读水平的能力。

这套丛书就是亲近母语和华南师大教师教育学部合作推出的儿童阅读师资能力认证的中级师资认证课程的项目成果。

这套丛书目前已经规划和即将出版的有：

《童话的阅读与教学》，吉忠兰著。这本书从童话起源讲起，梳理了童话的基础理论，提炼了阅读童话的方法，提供了童话教学范式与案例，能够帮助教师更好地阅读童话、进行童话教学。

《散文的阅读与教学》，邵龙霞著。在这本书中，作者从学理和实践双重维度出发，在厘清散文文体特质的基础上，多角度论述了教师应当如何进行散文的阅读与欣赏，继而总结出散文的教学范式与策略，并提供了散文诵读课、散文赏读课、散文写作课等多种课型的教学范例，能够帮助一线教师解决"散文教学教什么""散文怎么教"等重难点问题。

《图画书的阅读和教学》（暂定），刘颖著。作为读者，如何阅读和欣赏图画书；作为教者，如何发现故事主题、确定重点画面、寻找文图关系、设计交流话题等，在这本书中都能找到答案。这本书从认识图画书讲起，而后介绍图画书的教学范式与变式，并提供了详实的案例，能够助力不同年段的教师开展图画书课堂教学的起步与发展。

《非虚构图书的阅读与教学：从阅读到研究性学习》（暂定），舒凯著。在厘清适合儿童阅读的历史人文书籍和科学书籍的文本特点与阅读方法的基础上，这本书把研究性学习作为阅读这类书籍的重要方式。并且，作者将其在班级所开展的项目式研究性学习案例梳理成可迁移、好操作的教学范式，供教师们借鉴、参考。

还在陆续规划关于儿童故事和儿童小说、诗歌、神话传说和民间故事、科幻小说等文体的图书。

之所以中级师资认证要把不同文体的阅读和教学作为学习和研修的核心，

是因为多年来，我们的语文教学缺乏文体意识。无论是诗歌、童话，还是散文、神话传说、儿童小说，都往往被泛化为"课文"来教。语文老师们来教这些文本时，都是从字词句篇的角度，从语文学习的角度来教，而缺乏自觉的文体意识。如果老师们能更多地了解不同文体的特点，就能找到独特的角度，从而带领孩子们走进文本，感受一个个独特的艺术形象，体验情感和艺术特点。让孩子们在一次次的阅读体验中，积累阅读经验，形成阅读能力，得到情感和思想的熏陶。

最初策划和研发这套课程时，关于"不同文体的阅读和教学"，我面临两种选择：一是请大学的儿童文学、文学理论或者课程论老师来讲，二是邀请有一定理论素养的一线老师来讲。我毫不犹豫地选择了后者。这套课程上线后，得到了很好的评价。学习过的老师，都觉得这套课程既有理论性，更有实践性，对他们提高不同文体的阅读欣赏能力、教学能力，有很实际的帮助。写作这套丛书的作者，就是这套课程的研发人、课程老师。

我们 20 年来，一直行走在一起，共同阅读文学和理论，共同探讨阅读课程的设计，共同研究如何更好地上好读书课。他们都是在 20 年的儿童阅读推广中成长起来的点灯人。他们是小学语文教师中的学者，都有很好的理论素养、文学素养，同时又有高度的教育热忱，丰富的儿童阅读实践经验。长期共同推进课题研究，共同成长的经历，又让我们拥有共同的价值取向和儿童观、教育观。阅读他们的书稿时，我发现他们在写作时，在原来认证课程的基础上，理论上有了更充分的阐释，案例更丰富清晰。相信每一位希望学习儿童阅读，提高儿童阅读指导能力的老师，都能从中受益。

1896 年，梁启超先生在《时务报》上发表了一篇著名的文章《论师范》，这是中国近代教育史上第一次专门论述师范教育问题的文章。他说："欲革旧习，兴智学，必以立师范学堂为第一义。""故师范学校立，而群学之基悉定。"他主张设立本国自己的师范学校，培养符合时代要求的教师。今天的儿童阅读走在路上，中国的母语教育更是走在路上，我们的母语教育不可能完全走西方的道路，我们的儿童阅读也不可能完全走西方的道路。我们必将根植于我们的土壤，根植于我们的文化，去建构我们自己的母语教育和儿童教育。这个鸿篇巨制，不可能指望别人去完成，只能由我们共同去创作。而要建立从儿童出发，从我们的文化出发，符合这个时代和未来社会需要的母语教育体系，关键的任务之一便是遵循教育之道，培育真正称得上是点灯人的儿童的阅读老师和母语老师。

我们知道这件事情是艰难的，它可能需要走几十年，甚至更长的时间。儿童阅读师资认证是一个创举。这套丛书是这个创举的一个成果，是有意义的探索中的一个阶段性成果。希望这套丛书能够给老师们的专业成长提供帮助和参考。期待更多的老师经由自己的阅读、学习和实践，走上儿童阅读推广的道路，走进优秀的儿童阅读师资的行列。

让我们一起去做这个时代的点灯人，做下一个时代的开启者！

2023 年 8 月

自 序
写一个并不童话的开头

2020年5月,在亲近母语创始人徐冬梅老师的召唤下,"儿童阅读中级师资认证"的导师们在扬州召开了线上线下整整一天的高强度会议。

回来之后,我用一个月时间阅读、写稿、打磨,完成了"童话的欣赏与教学"板块的微课录制。那段时间,恰逢女儿准备高考。因为各种焦虑,某天早上起来,我发现脸上布满了红疹子……不过,现在回想起来,一切努力都很值得,那期间翻阅过的书,大概有两尺厚。

2020年11月,《新课程评论》的编辑杨志平向我约稿,我将视频讲稿整理成文,杨老师以一个优秀编辑的专业素养,提出了中肯的修改建议,读来令人感动和钦佩。几经修改后,这篇《小学语文童话阅读教学思与行》发表在2021年第四期的《新课程评论》上。

2021年7月,成都,亲近母语总课题组核心成员会议。我又忐忑地"主动"认领了《童话的阅读与教学》这本书的写作任务。

内心深处,我明白这本书的写作有多困难,不像我的第一本书《从整本书精读到群书阅读》那样"轻而易举"。因为有十几年的实践积累,那本书只用三个星期就整理交稿。而这一次,签下出版合同好几个月了,"躺平"和隐隐焦虑了半年之后,我终于在2022年新年第一天,郑重地坐在书房里,开着取暖器,重新开始写作。

可是,提笔容易,下笔却很艰难。紧张和焦虑又持续了两个月,我的后背始终无法放松，寝食难安。

寒假的书房，阴冷寂寥，紧急下单一张小书桌，购物也许仅仅是治愈自己的途径之一。

新学期开学后，新书桌才姗姗来迟，我把它安放在朝阳的卧室。坐在这张小巧的高颜值的书桌前，我慢慢找到了一点点书写的状态，旁边书架上的参考用书在一本本增加，放满了两排长长的格子……无数个夜晚和白天，悄然而逝。

生命中，每一次机遇都会带来新的挑战，当然，也会有新的机遇和欣喜随之而来。书写过程中，惊喜连连，收获不断。《〈稻草人〉整本书阅读教学设计、反思及评析》《"共生"理念下的童话阅读教学》便因新的约稿而从书稿中剥离、修改成文，发表在《小学教学》等杂志上。

2022年4月17日，我的学生吕思漫荣获第七届"奇思妙想·童心飞扬"全国小学生童话创作大赛唯一金奖。初赛，她的作品《一个海里的梦》（现已发表于2022年《红杉树》7、8月刊）从全国3382篇童话中脱颖而出，幸运进入前100名；复赛，又意外"杀入"前50名；4月16日上午"云决赛"，没想到居然得了——金奖。孩子、家长，还有我都激动不已。评委、儿童文学作家汤汤说："得金奖，靠的全是实力和才华！"谢倩霓、梁燕评价《天空是一片碎冰蓝》想象飞扬、轻灵。纳杨赞美道："金奖作品有新鲜创意，塑造了'碎冰蓝'精灵形象，更在结尾处运用了循环往复的文学结构手法，大大增加了作品的表现深度和力度。"从未想过，带着孩子们读童话，会得到如此巨大的幸福回馈。

感谢我的小书桌，感谢女儿的台灯，陪伴我度过了两个月的书写时光。最大的感触便是——过去的阅读和实践不可或缺，你所有的储备，都会在你需要的那一刻像一块块拼图，找到属于它的位置。

初稿完成时，春已深，窗外鸟儿啁啾。一切都很美好！

或许，生活本身就是一个美丽的童话。

感谢亲近母语创始人徐冬梅老师，感谢杨爱萍老师，以及方丽华、蒋婷、李曼、陆艳萍等提出的修改意见。

5月，逐字逐句打磨文稿，内心笃定，安然。

12月，再次修改文稿，偶有焦虑、忐忑，但很快平复，内心亦充满期待。

阅读童话，是可以治愈一切的。

2022年12月

写在前面的话

在我的记忆深处，一直难以忘记幼儿园小班时，老师带我们排演《小兔乖乖》的场景，班上一个长得又白又胖，特别贪吃的小男生扮演大灰狼。他把大灰狼的垂涎欲滴和贪婪模样演绎得淋漓尽致。三十几年过去了，大灰狼张大嘴巴扑过来的样子还历历在目。很奇怪，那时的我们，对大灰狼并不憎恶。那份游戏的快乐一直记忆犹新。还记得，表演《拔萝卜》时，呼朋引伴寻求帮忙，或因用力过猛摔倒一片，也总让年幼的我们乐不可支。在早期阅读匮乏的孩提时代，这大概是我对童话最初也是最深刻的记忆。

目 录

第一章　童话以及童话的发展　001

第一节　童话的定义　001
第二节　童话的起源与发展　002

第二章　童话的基本特征和分类　005

第一节　童话的基本特征——幻想　005
第二节　童话的分类　007

第三章　童话的价值与意义　015

第一节　童话对儿童的重要性　015
第二节　童话对于成人的治愈　023
第三节　童话的教学价值　025

第四章　童话阅读与教学策略　029

第一节　童话阅读与教学的现存问题　029
第二节　童话有效阅读与教学的策略　030

第五章　童话的教学要求和范式　043

第一节　童话的教学要求　043
第二节　童话的一般教学范式　044
第三节　童话的教学变式　065

第六章　童话的教学案例　071

第一节　微童话教学　071
《微童话　大世界》课堂实录　071

第二节　短篇童话教学　080
《小壁虎借尾巴》第二课时教学设计　080
《"歪脑袋"木头桩》教学设计　085
《巨人的花园》教学设计　096

第三节　短篇童话集教学　100
《奔跑的圆》教学设计　100
《格林童话》教学设计　112
《安徒生童话》教学设计　117
《稻草人》教学设计　136

第四节　中篇童话教学　152
《我想养一只鸭子》教学设计　152

第五节　长篇童话教学　165
《木偶奇遇记》交流课教学设计　165
《查理和巧克力工厂》教学设计　175
《水妖喀喀莎》教学设计　191
《骑鹅旅行记》导读课教学设计　210
《小王子》交流课教学设计　215

参考文献　227

第一章
童话以及童话的发展

·第一节· 童话的定义

童话是什么？在很多大人眼里，童话都是假的，是编出来骗骗小孩子的故事；就连有些孩子（也许是受了大人的影响），也不相信童话了，他们觉得童话里描述的事都是不可能发生的。他们再也听不到，或者从来不曾听到过《极地特快》里无比悦耳的银铃声，更别谈让那美妙的响声伴随一生了。

日本学者上笙一郎在《儿童文学引论》中这样写道："所谓童话，是将现实生活逻辑中绝对不可能发生的事情，依照'幻想逻辑'，用散文形式写出来的故事。"

马力在《世界童话史》中说："童话是以儿童的幻想为其基本特征的折光式地反映现实生活的一种儿童文学样式。"

《儿童文学词典》中这样描述："童话是儿童文学的重要体裁，是一种具有浓厚的幻想色彩的虚构故事，多采用夸张、拟人、象征等表现手法去编织奇幻的情节。"

蒋风老师在周晓波所著的《现代童话美学研究》的"序"中写道："童话是一种以幻想为特征的极具艺术魅力的文体。"

朱自强老师在讲座中谈道："典型的童话是指具有超自然因素的幻想故事。"

以上各种对童话的定义，都离不开一个关键词——"幻想"。童话是一种反映现实生活的、神奇的幻想故事，情节曲折，多采用拟人、夸张、象征等表现手法。

一提起"童话"，那些奇妙的场景就不由自主地浮现在脑海中：脍炙人口的

《小红帽》中，猎人剖开狼的肚子，小红帽竟然活蹦乱跳地出来了；《玫瑰公主》中，王子的亲吻让沉睡了一百年的公主醒来；《豌豆公主》中的公主，居然被二十层床垫下的豌豆硌得慌……多么神奇！

·第二节·童话的起源与发展·

童话的起源真的是说来话长了，得从"很久很久以前"说起。成书于1—12世纪的印度《五卷书》，被认定为最早的童话故事书。在此书之后，无论是按照国别，还是按照世纪年代梳理，都可以写出一本厚厚的《世界童话史》。

浙江师范大学韦苇老师在《世界童话史》中，将世界童话发展史分为几个重要时期，并以其间的代表作品或作家命名，这种新颖独创的坐标体系给了我们很多启迪，只需浏览目录，就可以窥见童话发展的轨迹。这里罗列出来，算是一份优秀童话书单，或作为我们阅读童话的指南，抑或是地图。

世界童话发展史上的重要时期

时 期	童话的发展	代表作家、代表作品
史前时期	童话发生于民间	穆格发及其《卡里莱和笛木乃》《列那狐的故事》
贝洛时期	童话从民间走向文坛	贝洛及其《鹅妈妈故事集》、班扬的《天路历程》与斯威夫特的《大人国和小人国》
格林时期	童话开始被确认	拉斯培、毕尔格的《吹牛大王历险记》、格林兄弟童话、夏米索及其《彼得·施莱密奇遇记》、豪夫及其童话
安徒生时期	童话的现代自觉	安徒生童话
爱丽丝时期	童话往童趣化方向探求新路	卡罗尔及其《爱丽丝漫游奇境》、塞居尔夫人及其《毛驴回忆录》
皮诺乔时期	童话走向平民	科洛迪及其《木偶奇遇记》、王尔德及其童话
彼得·潘时期	童话崛立为文学体式	巴里及其《彼得·潘》、格雷厄姆及其《柳林风声》、洛夫廷及其"杜立特医生"系列

续表

时　期	童话的发展	代表作家、代表作品
温尼·菩时期	童话在游乐儿童	米尔恩及其《小熊温尼·菩》、特莱弗丝及其"玛丽·波平斯阿姨"系列、埃梅及其童话、萨尔腾及其《小鹿斑比》、恰佩克及其童话、小川未明和新美南吉的童话
林格伦时期	童话在繁荣中多元发展	西方童话、苏联、日本的优秀童话，如林格伦及其《长袜子皮皮》《小飞人卡尔松》、罗尔德·达尔及其《女巫》、扬松童话、怀特童话、黎达童话、安房直子童话、佐野洋子童话等

在中国，研究者把《西游记》和《聊斋志异》作为代偿性童话读物。1909年3月，孙毓修编撰《童话》，这是我国最早开始出现"童话"这个词。他在《童话》一书的序中指出："儿童读物不同于教科书，宜富趣味性，以适应儿童的天性。"儿童读物"趣味性"的明确提出，标志着中国儿童文学的真正觉醒。虽然，中国童话的写作起步较晚，但也涌现出了一大批优秀的童话作家和童话作品。

中国童话发展阶段及代表作家、作品（参考韦苇《世界童话史》）

时　期	童话的发展	代表作家、代表作品
20世纪20年代	中国现代童话的发轫	叶圣陶及其《稻草人》《古代英雄的石像》、黎锦晖及其童话歌舞剧《麻雀与小孩》《葡萄仙子》
20世纪三四十年代	政治童话的诞生	张天翼《大林和小林》《秃秃大王》、陈伯吹《阿丽思小姐》
	凭借自身艺术能量生存和流传的童话	米星如《仙笔王良》、仇重《苹儿的梦》、黄庆云《月亮的女儿》、金近《黄气球》
20世纪后半期	教育童话时代	任溶溶《没头脑和不高兴》、包蕾《猪八戒新传》、张天翼《宝葫芦的秘密》、严文井《小溪流的歌》、洪汛涛《神笔马良》、金近《小鲤鱼跳龙门》《小猫钓鱼》、孙幼军《小布头奇遇记》
	开放气象中孳衍的中国童话	叶君健《潘朵娜的匣子》、金近及其童话、郭风《木偶人水手》、任溶溶及其童话、鲁兵《小猪奴尼》、包蕾及其童话、葛翠琳《问海》、洪汛涛《洪汛涛童话新作选》、孙幼军《小狗的小房子》、金波及其童话、张秋生《小巴掌童话》、郑渊洁《舒克和贝塔历险记》、周锐《特别通行证》、冰波《蓝鲸的眼睛》、葛冰《绿猫》、汤素兰《笨狼的故事》、王一梅《书本里的蚂蚁》、郑春华《大头儿子和小头爸爸》等

续 表

时　期	童话的发展	代表作家、代表作品
21世纪初	新生代童话后起之秀的童话创作	陈诗哥《一个迷路时才遇见的国家和一群清醒时做梦的梦想家》《宇宙的另一边》、汤汤《水妖喀喀莎》《绿珍珠》《到你心里躲一躲》、慈琪《总也倒不了的老屋》、廖小琴《男孩猫和猫男孩》、吕丽娜《最会偷东西的大盗贼》、葛竞《永远玩具店》、秦萤亮《镜之森》、黄文军《安宁的奇幻之旅》、周静《一千朵跳跃的花蕾》等

第二章
童话的基本特征和分类

· 第一节 · 童话的基本特征——幻想 ·

童话的基本特征是什么？童话是世界上最富想象力的文学形式，最大的艺术特征是幻想。幻想是童话的根本、主体、核心、灵魂和生命，没有幻想就没有童话。这就是幻想对于童话的价值。童话的幻想具有以下特点。

一、童话的幻想来源于现实生活，同时也反映了生活的本质

童话的幻想基于现实，也基于作者的人生经历或者见闻。只是，他们有异于常人的视角和思维，能够从一朵普通的花中展开绚丽的想象，一颗牙的一生，也能被写进童话。

《小王子》一书中的很多东西都可以在作者安托万·德·圣埃克苏佩里的生活里找到原型：小王子用来煮饭的火山来自南美洲的巴塔哥尼亚高原，猴面包树来自非洲的喀达尔，都是他早期驾驶飞机开拓航线时常见的风景。而飞行员在沙漠坠机的经历，来自他 1935 年遭遇的一起事故。因为干渴，他和助手喝了酒精、碘酒和纯乙醚，眼前不断出现幻觉：总是向后退的湖，子虚乌有的阿拉伯商人，地平线上闪动的火把……这一切，都被他写进了故事中。

那朵玫瑰，则是他的妻子康素爱罗，一位典型的南美美人，与玫瑰一样任性虚荣、喜怒无常，又活泼热情，充满艺术气息。从巴黎、北非到纽约，他们

彼此相爱又彼此背叛，互相抱怨又互相珍视。

　　童话是对现实的折光反射，展现了生活的本来面目。卖火柴的小女孩死了，嘴角却带着微笑，擦燃火柴后的美好幻想与她饥寒交迫的现实生活形成了鲜明的对比，从而揭示了社会的黑暗。稻草人见到了夜晚的美丽风景，也见证了穷苦劳动者的悲惨境遇。

二、童话的幻想符合儿童心理年龄特点，体现着一种游戏精神

　　童话的幻想贴近儿童生活，符合儿童心理。《木偶奇遇记》中的皮诺乔具有孩子的特性，就是现实中孩子的化身：重感情，信赖人，自尊心强，有被爱的需求，贪玩，调皮，狡智，善感，容易狂妄，用撒谎来掩饰自己的过错。童话用幽默、变形的方式放大了孩子的缺点，让他们读后能立刻联结到自己，内心也会像皮诺乔一样，渴望变成一个"真正的孩子"。

　　童话的幻想满足了儿童的内心需求，让他们沉浸在自己所向往的生活情境中，从而宣泄和补偿他们在现实世界中被压抑的愿望，充满游戏性。《彼得·潘》圆了多少孩子不想长大和能够飞翔的梦想。很多人，包括很多大人，都希望自己能像尼尔斯一样周游世界，看遍这世间所有的风景，经历数不尽的奇迹。

三、童话的幻想是符合现实逻辑的，具有一次元的特点

　　童话的幻想是一种出乎意料的情理之中。王一梅的短篇童话《奔跑的圆》中，圆先生喜欢奔跑着去四面八方，当他被撞破了一个口子，变成了一根拉直的线，就不能奔跑了。这样的描写，既符合"圆"的物性特点，又极具想象力。《绿野仙踪》中的稻草人，因为是用稻草做的，所以脑袋空空，非常想拥有聪明的脑子，这是符合现实逻辑的。科学童话尤其需要注意童话的逻辑性，更要符合科学的逻辑性，不能违背科学规律和科学实际。

　　在童话中，现实和超自然世界——幻想世界是浑然一体的，两者之间，不存在"入口"。童话中的角色对于幻想世界的物件或幻想的事物处之泰然。比如，《青蛙王子》中，公主觉得青蛙长得丑，不喜欢它，而对于青蛙能够开口说

话,一点儿也不觉得奇怪。《亨舍尔和格莱特》中,兄妹二人被抛弃在森林而迷路了,突然发现了糖果做成的房子,但丝毫不感到奇怪。这让童话中的幻想世界和现实世界融为一体。

而在大多数幻想小说中,现实世界和幻想世界之间有明确的"入口",也就是"幻想通道",比如,《哈利·波特》中的九又四分之三站台,《狮子、女巫和魔衣橱》中的衣橱等。只有通过入口,作品中现实世界的人物才可以进入幻想世界。现实世界的人物,比如哈利·波特在面对幻想世界时,表现出明显的惊讶和难以置信。作品主人公对于幻想世界的现实性有一个接受的过程,符合现实生活中的人面对不可能之事的正常反应。

四、童话的幻想往往通过拟人、变形、夸张等艺术表现手法来实现

童话中的一切事物都像人一样会说话,有喜怒哀乐。比如《"歪脑袋"木头桩》中的木头桩,他歪着脑袋,一副很骄傲很骄傲的样子。他的心情随着遇到的人、经历的事变得跌宕起伏,一会儿得意,一会儿生气,一会儿高兴,一会儿难过,一会儿又开心起来。

童话中极度的夸张带来奇特、滑稽的效果,令读者感到神奇、怪异、荒诞,充满趣味,同时激发出自身蓬勃的不可抑制的想象力。童话的夸张有时借助变形的方式达成。《爱丽丝漫游奇境》中,爱丽丝变矮时,下巴一下子碰到脚背,而变高时,低头找不到自己的肩膀。给自己的脚送礼物,居然需要邮递员。童话中的变形,让童话形象更有表现力,更有趣。童话中有像皮诺乔这种鼻子会变长的局部变形,也有像王子变青蛙的整体变形。

·第二节· 童话的分类·

从小到大,我们读过很多童话,这些童话如何分类呢?

一、从主要角色形象类型来分

从主要角色形象类型来分,童话可以分为超人体、拟人体和常人体。

超人体童话的主人公具有超常能力。譬如永远长不大的彼得·潘,随风而来的玛丽阿姨,住在很小很小星球上的小王子,长着人身鱼尾、拥有三百年寿命的海的女儿,还有民间童话中的小精灵、巫师、妖怪,以及一些宝物,像宝葫芦、七色花、魔镜、飞毯等。

拟人体童话数量最为庞大,它赋予自然界中除人以外的一切以生命和情感,将人性和物性完美结合,花草树木、白云、星星、石头等,都能像人一样会说话,能思考,有喜怒哀乐,既具有人的品性,又遵循它原来的外貌、生活习性和举止特点等。比如,新美南吉的《去年的树》、安徒生的《丑小鸭》,还有适合低年段学生阅读的长篇童话《小熊维尼》等都是拟人体童话。王一梅、张秋生等作家的童话多数为拟人体童话。

[英]艾伦·亚历山大·米尔恩著,钟姗译,四川文艺出版社 2020 年 8 月版

常人体童话的主角都是普通人,但是,这些人的性格、行为和遭遇都不普通,甚至非常离奇。比如,格林童话中的《幸福的汉斯》、安徒生童话中的《卖火柴的小女孩》《皇帝的新装》《豌豆上的公主》。

二、从历史发展来分

童话源远流长,它是在"神话"和"民间传说"的母体中萌芽出来的,民间文学是童话成长的摇篮。日本早期儿童文学理论家芦谷重常所著的《世界童话研究》，将童话分为：古典童话、口述童话和艺术童话。实际上，呼应的正是：古代神话、民间传说、民间故事、民间童话和创作童话，这是广义的童话。

从历史发展的角度来分，童话可以分为民间童话和创作童话。

1. 民间童话和创作童话的定义

民间童话属于民间文学的范畴，是口耳相传的，后期被搜集、整理。所以，它有两种存在形态：一是口头讲述，口耳相传；二是记录在纸上，印刷在书上，被阅读。

《格林童话》是格林兄弟——威廉·格林和雅各布·格林搜集、整理、改写的民间童话，其实它也不是纯粹的民间童话。从1812年初版起，格林兄弟一直不断地对童话集进行增删与润色，特别是威廉·格林，几乎花了大半辈子的时间，一版接一版地修改，一直改到1857年——第七版，时间跨度长达45年之久。拉迪斯劳·密特那在《德国文学史》中写道："原始童话是非常简短的。威廉补充了一些片段和新的描述性细节，以此创造出一种如史诗般温厚、平静、开阔的感觉，却从未失去故事原有的主导性。"彭懿在《走进魔法森林：格林童话研究》中写道："《格林童话》是基于口头来源的一种有限度的文学创作，里面蕴含着很多人生智慧。"

创作童话是与民间童话相对的称谓，绝大部分创作童话是作家怀着为儿童写作的目的而创作的，又称文学童话、艺术童话、文人童话、作家童话等。

安徒生被称为"创作童话之父""世界童话大王"，他是当之无愧的创作童话鼻祖，他用40年的心血精心编织了168篇童话故事，他的《安徒生童话》几乎人尽皆知。安徒生改变了全世界儿童的命运。他像阿拉丁一样，举着神灯，让每一个读到他童话的儿童看到了一个属于他们的世界。

创作童话的代表作家除了安徒生，还有王尔德。"王尔德的童话是深情而美丽，残酷而悲凉的。他深知这世界的苦难和丑恶，对生命充满同情和悲悯，对人性人情有犀利透彻的见解，他赞叹、渴望人间优美真挚的感情，同时也对现实世界感到深深的悲观和失望。"儿童文学作家汤汤如是说。我相信，这种感受，在我们阅读王尔德最为脍炙人口的童话《快乐王子》时，一定真切地拥有过。

牛津大学出版的《儿童文学指南》中写道:"王尔德童话深受安徒生的影响,作者对生活的尖锐看法,与安徒生如出一辙。"

刘绪源在周作人先生的《王尔德童话》一文中笺:作者对王尔德的评价甚高,认为他的特点在于"丰丽的辞藻和精炼的机智",他的童话"是诗人的",但不属于"儿童的文学";而安徒生的童话"是诗人,又是一个'永久的孩子'",所以在文学童话上是没有人能够及得上的。

王尔德的童话《夜莺与玫瑰》将"爱和悲悯""美和讽刺"完美结合在一起。孩子们真的读不懂吗?珠宝真的比花儿更值钱?爱是愚蠢的东西,还是比哲学更有智慧,比权力更有力量?我觉得,读过的孩子一定有自己的思考和见解。

2. 民间童话与创作童话比较

民间童话为创作童话提供了丰富的营养与创作素材,但是两者也有着明显的差异。

(1)口语与书面语。

朱自强老师指出:在本质上,民间童话只存在于口语讲述的那段时间里,民间童话是"听"的艺术,具有鲜明的口语讲述性。

从前,一个渔夫和他的妻子住在海边破船里。渔夫每天去钓鱼,钓鱼,老是钓鱼。

有时他拿着钓竿坐着,总是朝着清水里看,他坐着,坐着。

——《渔夫和他的妻子》

从前,有一个漂亮的小女孩,人人见了都爱她,尤其是她祖母,不知道要把什么东西给她才好。有一次,祖母送了她一顶红天鹅绒的帽子,她戴着非常合适,简直不要戴别的帽子了,所以大家叫她"小红帽"。

——《小红帽》

《格林童话》中的这些开头,就像我们平常随口讲出的话一样,不加任何修饰。即便如此,民间童话的口语讲述性语言依然优美、生动,富有表现力,一句"从前……"便能吸引读者的全部注意力。

创作童话多为作家创作，具有鲜明的书面语写作的特征。

她的皮肤又光又嫩，像玫瑰的花瓣；她的眼睛是蔚蓝色的，像最深的湖水。不过，跟其他的公主一样，她没有腿，她身体的下部是一条鱼尾。

——安徒生《海的女儿》

黑黑的、黑黑的夜，像块包袱皮一样包住了原野和森林，但是因为雪太白了，所以不管怎么包，白茫茫的雪地都会露出来。

——新美南吉《小狐狸买手套》

一个满天星斗的夜里，他看守着田地，手里的扇子轻轻摇动。新出的稻穗一个挨一个，星光射在上面，有些发亮，像顶着一层水珠；有一点儿风，就沙拉沙拉地响。

——叶圣陶《稻草人》

细腻、优美、形象、鲜活，充满画面感，这是独特的书面语写作。

（2）模式化与个性化。

民间童话在艺术表现上具有模式化的特征，往往以"从前……"开头，以"从此过上了幸福的生活"结尾，很少有不幸的结局。

民间童话的人物都是"扁平人物"，要么极好，要么极坏；聪明的一直聪明，而且绝顶聪明，傻的就一直傻下去。

[日]新美南吉著，周龙梅、彭懿译，江苏凤凰文艺出版社2020年11月版

民间童话的结构也是模式化的，大都采用"三段式"的叙述模式。广西师范大学出版社（2017年）的《格林童话》一书中，有一小半的篇目中，出现了数字"三"，要么是三段式，要么是三姐妹，三兄弟，三个公主，三个国王。这种模式化的艺术方式，并不是坏事，它使故事中的人物、生活、世界变得简单、明晰，容易记忆、讲述和传承。

而创作童话则具有个性化的表现。安徒生是最典型的例子。安徒生在 19 世纪 30 年代创作的童话,有些取材于民间童话,如《豌豆上的公主》《老头子做事总不会错》《打火匣》等。19 世纪 40 年代,安徒生的《新童话》是童话发展到一个新阶段的标志,在题材、主题、内容和思想艺术上均有所突破。他的独创童话,比如脍炙人口的《海的女儿》《丑小鸭》《小意达的花儿》,融入了他个人的生活经历、人生观念和艺术气质。很多人从《丑小鸭》中读到了安徒生本人的影子。安徒生说:"我这一生称得上一部美丽动人的童话,情节曲折变幻,引人入胜。"

三、从题材内容来分

童话从题材内容来分,还可以分为科学童话(即知识童话)和文学童话。

这种分类方法与前面有一定交叉。文学童话是文学性较强的童话,本书中所选的大部分童话作品都是文学童话,这里不再举例。

知识童话借助幻想的神奇魅力把原本枯燥的科学知识转化成妙趣横生的故事,启发了儿童的好奇心,激起儿童不断探索世界的渴望,激发他们不断提出新问题,培养了儿童的探索精神。长篇童话《骑鹅旅行记》开创了知

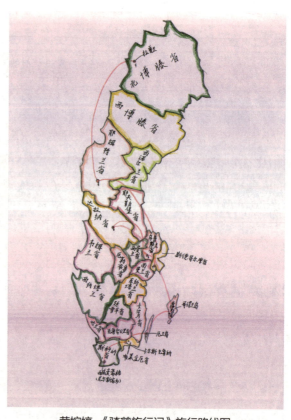

黄婉婷 《骑鹅旅行记》旅行路线图

识童话的先河，作品中，除了介绍了许多动物、植物的知识之外，还为我们介绍了有关瑞典的地理知识、历史知识以及传说故事等。《小蝌蚪找妈妈》也是一篇知识童话，把小蝌蚪发育成青蛙的过程用童话的形式巧妙地展现出来。

四、从艺术流派来分

从艺术流派来分，童话可以分为抒情派、热闹派、哲理派等。

抒情派童话淡泊、恬静，注重感觉和情绪，给人以静、柔之美，是有点儿"文气"的童话，如冰波的《小青虫的梦》《蓝鲸的眼睛》等，读来如梦如幻，如诗如画。

热闹派童话从儿童现实生活出发，极度放大，夸张怪异，快节奏，大幅度转换场景，采用幽默、讽刺漫画、喜剧，甚至闹剧的表现形态，寓庄于谐，使读者在笑中有所领悟，受到感染熏陶。郑渊洁、周锐、彭懿等是热闹派童话作家的重要代表。"童话大王"郑渊洁的《皮皮鲁外传：写给男孩子看的童话》《鲁西西外传：写给女孩子看的童话》陪伴了几代人的成长。

哲理派童话蕴含深刻的哲思，多采用象征手法，象征是童话传递思想的基本手段。台湾儿童文学泰斗林良在《童话从哪里来？》中写道："童话是最有隐喻的文学作品。童话的价值，应该是一种'隐喻'的价值。"《一只想飞的猫》发表于1955年，是一篇"寓教于乐"的童话作品，是针对新中国成立初期某些娇生惯养的儿童骄傲自大、好逸恶劳等缺点所写的讽刺故事。《小王子》则把象征手法用到了极致，小王子的星际旅行中，遇到的每一个人几乎都有象征意味。迷恋权威的国王、爱慕虚荣的人、逃避现实的酒鬼、贪得无厌的商人……都代表了大人的不足或缺陷——占有、统治、贪婪、虚荣，映射着现实中病态的大人世界。

五、从文体形式来分

从文体形式来分，可以分为童话故事、童话诗、童话剧等。

童话故事是经过想象、幻想和夸张来塑造艺术形象、反映现实生活的故事。耳熟能详的童话故事有《格林童话》《安徒生童话》等。

童话诗是以童话故事为题材的长篇叙事诗。如普希金的《渔夫和金鱼的故事》，鲁兵的《唱的是山歌》等。

童话剧是以童话为内容，以戏剧为呈现形式创作的故事。任德耀的《马兰花》是一出优秀的童话剧，围绕民间传说中马兰花的故事，描写正义与邪恶的斗争。脍炙人口的《青鸟》也是以童话剧的形式呈现，作者莫里斯·梅特林克是象征主义的戏剧大师，青鸟是幸福的象征。

六、从篇幅来分

从篇幅来分，可以分为微童话、短篇童话、中篇童话和长篇童话。微童话是网络时代诞生的新童话文本，篇幅短小，一般在140字之内。

湖边上，青蛙们排成一条长线，要举行跳远比赛呢！咚！一只青蛙跳到了湖中央，跳得真远！咚！一只青蛙跳过了湖对岸，跳得真远！咚！一只青蛙跳过了湖对岸的树林，跳得真远！咚！一只小青蛙跳得没影儿，他从夏天一下子跳到了冬天！如果你从泥洞路过，可以听到他的呼噜声。

这是儿童文学作家陈梦敏《跳得最远的青蛙》全文，独立、精巧，却又富有生命力，像一只小麻雀，有血有肉、五脏俱全。她在《微童话的光芒》中写道："微童话应当包涵故事的曲折性、诗歌的灵动性及寓言的哲理性。"

关于短篇和中长篇的篇幅，文学界普遍的划分标准为少于两万字是短篇，两万字至十万字是中篇，多于十万字是长篇（《文学分类的基本知识》）。对于童话来说，以前，一万字以内为短篇童话，小中篇童话大致在三万字左右，长篇童话要十万字，而现在六万字到八万字就称为长篇童话了。如，王一梅的《书本里的蚂蚁》是短篇童话，陈诗哥的《我想养一只鸭子》是中篇童话，郭姜燕的《布罗镇的邮递员》则是名副其实的长篇童话。（本章内容部分参考汤锐《童话应该这样读》和朱自强著作《儿童文学概论》及相关讲演内容。）

第三章
童话的价值与意义

· 第一节 · 童话对儿童的重要性 ·

儿童为什么要读童话?也就是说,对于儿童来说,读童话有什么作用?

一、激发想象力和文学表达力

童话是世界上最富想象力的文学作品,充满着各种奇思妙想。长期浸润在优秀的作品里,自然而然激发了孩子们蓬勃的想象力、创造力和非凡的文学表达力。北京师范大学文学院教授,博士生导师张莉说:"一个作家的想象力支撑是需要用语言去表达的,阅读陈诗哥《一个迷路时才遇见的国家和一群清醒时做梦的梦想家》,我能感受到一种汉语的美感。……我觉得这是中国当代儿童文学作品,包括童话创作,特别需要考量的问题:如何把想象力切实落到汉语表达里面,因为童话实际上最重要的部分就是培养小孩子的想象力以及汉语表达力,这对于儿童文学创作来讲是非常重要的根本问题。"

童话的语言是孩子能够接受和理解的,灵动鲜活,能唤醒孩子的语言潜能,为儿童的言语发展提供最初的源泉。多阅读优秀童话,多朗读精彩片段,可以实现优质语言的内化迁移,更有效地输出高品质的文字。

天气真好!一朵云也没有,天空蓝得仿佛要掉出一整个大海,这是一个如同新鲜橙子一样鲜艳柔软、酸酸甜甜的假期。

——冯与蓝《一只猫的工夫》

短短两三行，语言却非常特别。常有人把天空比作大海，但却没有冯与蓝写得这么令人拍案叫绝，"天空蓝得仿佛要掉出一整个大海"，那该多蓝。形容轻松、愉快的心情，从来没有人用"新鲜橙子一样鲜艳柔软、酸酸甜甜"来作比。这么美妙的比喻，不需要过多讲解，多种形式素读，在舌尖上滚过七遍以上，就会深深印在孩子们的脑海中，总会在某次写作时，自然而然地流淌出来。久而久之，自己的笔下，还会冒出很多新鲜活泼的句子。

在海的远处，水是那么蓝，**像最美丽的矢车菊花瓣**，同时又是那么清，**像最明亮的玻璃**。

她的皮肤又光又嫩，**像玫瑰的花瓣**；她的眼睛是蔚蓝色的，**像最深的湖水**。不过，跟其他的公主一样，她没有腿，她身体的下部是一条鱼尾。

——安徒生《海的女儿》

他的头发**像风信子的花一样黑**，他的双唇**像他向往的红玫瑰一样红**，但是激情使他的脸苍白得如同象牙，忧伤在他的眉宇间烙下了印记。

我的玫瑰是白色的，**像大海的泡沫一样白**，比高山上的积雪还要白。

我的玫瑰是黄色的，**像坐在琥珀宝座上的美人鱼的头发一样黄**，比刈草人带着长镰来到之前盛开在草地上的水仙花还要黄。

我的玫瑰是红色的，**像鸽子的脚一样红**，比海洋的巨穴中不断拂动的珊瑚巨扇还要红。

——王尔德《夜莺与玫瑰》

这曼妙生动、无与伦比的比喻，带着明显的童话烙印，朗读、仿写、对比、再朗读，浸润在安徒生诗意的语言中，濡染着王尔德"唯美"的气息和风骨，孩子们的文笔怎么会不细腻，没有质感呢？优质童话，是优质语言的储存器，是值得朗读一辈子的经典之书。读多了，会酿出属于自己的语言琼浆。

2022年4月17日，我班吕思漫同学荣获第七届"奇思妙想·童心飞扬"

全国小学生童话创作大赛唯一金奖。她在创作手记《我拥抱了童话的奇迹》中写道：

> 第二天一早我先出门散心……我抬头仰望苍穹，倏忽间想起《海的女儿》中的一句比喻：在海的远处，水是那么蓝，像最美丽的矢车菊花瓣。我又何尝不能将天空比作碎冰蓝花瓣铺就的呢？就这样顺藤摸瓜、天马行空地想象下去，仿佛有微风拂过心田，我觉得状态好极了。
>
> "决战"时间到了，当我拿到考题，不由得一愣，考题中有一个词是"空中花园"，我的心雀跃起来。"空中花园"几个字不禁让我想起今早的浮想联翩。一瞬间我文思泉涌、干劲满满，斗志昂扬地开始创作。

获奖作品《天空是一片碎冰蓝》，已由浙江少年儿童出版社（2022年11月）出版。这是90分钟"云决赛"现场的创作，未经精雕细琢，也许本身并不圆融，毕竟出自一个小学六年级学生之手。但不难看出，安徒生童话《海的女儿》对她的影响至深，无论"碎冰蓝"的形象，还是结尾处，"我"在天空中划下一颗心落入了大海，又奇迹般地重回天空的场景。

优秀的童话是肥沃的土壤，孕育了灵感，滋养了想象的灿烂果实。

天空是一片碎冰蓝
吕思漫　12岁

我是天空上的一朵碎冰蓝。

你可知道天空为何如此蓝？

这是因为啊，我和我的同伴们将蓝色的花瓣铺满苍穹，整个天便形成了一座巨型的"空中花园"，我们尽力绽放出最美的姿态，将芳华留尽人间，我们希望世间能充满美好的蓝色。当然，毋庸置疑，蓝色是生活中最美好的颜色！

要问我们为什么这么蓝，就得好好感谢月球上的兔子们了！要知道，我们本身就是白玫瑰，只有通过人工染色，才能变成星辰大海般的蔚蓝色。兔子们每天都不辞辛苦地驾着他们自制的玉兔牌南瓜车，用月球上特有的蓝莹石给包围了地球半圈的我们染色，我们会将酿制的琼浆玉露送给他们，作为报答。

好像每一天都过得很自在。拂晓,兔子们给我们染色,人们称之为"日出";到了正午,太阳火辣,颜色褪去了一些,又渐渐染成夕阳般的淡黄色;兔子到了傍晚又来一趟,这时,颜色愈来愈深,慢慢转化为深邃的蓝色;到了夜里,地球自转,另一半球便陷入了布满星辰的黑暗。

下雨时,密布的乌云挡住了我们,我们便可以小憩一下,听我旁边最为年长的一朵碎冰蓝讲故事。这朵碎冰蓝已经很老很老了,老到岁数数也数不清,他的花瓣很大,说起话来就一颤一颤的,我们都恭敬地称他为"老蓝"。

又是一个阴雨天。

"咳咳,孩子们,我感觉,这几天有点不太对劲呀,咳咳……"

"您怎么了,出了什么事?"我急切地凑上前去,尽力张开一片花瓣拍拍老蓝的背,"您怎么了?"

"我……我感觉,咳咳,我要凋零了……"

"这怎么可能!"我不由得惊叫一声,我们可不是一般的碎冰蓝,我们以星辰为泥,被银河滋养,永远不会枯萎,永远在沉静宇宙中盛放,我们是长生不老的。

其他碎冰蓝们也发出了同样的呼声。

老蓝摇了摇头,昏昏沉沉又睡去了。

可是令人不敢相信的是,老蓝没过几天,就像一片树叶那样,飘飘然落入了一片海中,海真蓝啊,就跟我们花瓣的颜色一样蓝。一滴滴滚烫的泪水从我们的花蕊中涌出来,落入云层,人间又多了几场悲伤的阴雨。

这几天,我们和要好的兔子们一起讨论了这起非自然现象。

一只兔子说:"你们说,会不会是人类干的?他们这几天还陆续登陆了我们的月球,声音吵死了,我们都躲……"

"这不合理!"我抢着说,"人类一直都是我们最好的游人,他们称赞我们筑成的蓝天,对我们的天空充满了热爱与向往。"

"好吧,好吧。"兔子摇摇头回家了。

这几天,我们一直思前想后,一直想着这件事的起源,却毫无进展,更令我们忧愁的是,有好几朵花都陆续咳嗽起来。后来,兔子们送来了先进的胡萝卜型望远镜，我们才得以看清迷雾后的真相。

从那一个个金属的长长的烟管里不断冒出灰烟，正对着我身边空缺的那个位子。滚滚浓烟越来越密，源源不断地袭来，哦，那是我们最讨厌的颜色——灰色！灰色象征着污染、黯淡，甚至毁灭……过不了几天，地球就会被灰色包裹！而这一切，都是人类的所作所为。

怪不得啊……兔子说的话都是真的！原来我们这几天犯咳嗽不是因为累，而是因为人类！

渐渐，愤怒的火焰爬上了我的心头，瞬间转化为憎恨。

"我们必须阻止人类！"

这个念头一起，大家都心照不宣地互相点头，接着，拉起了手向地面俯冲，天空顿时陷入了一片黑暗，混沌降临了这个世界。我不清楚最后发生了什么，只听见了几声尖锐凄惨的喊叫，像一把把利刃，直插云霄。

我醒来时，只迷迷糊糊地看见一个女孩，她的眼睛是蓝色的，映着淡蓝的光辉，真漂亮啊！她一手小心翼翼地捧着我，一手抱着布偶熊："妈妈，我怕……"她呢喃道。

"为了我们美丽的蓝色，毁灭掉人类吧，阻止这一切吧！"刚才的誓言从我的脑中一闪而过。我顿时感到滚烫的愧疚，浑身都麻木了。女孩的手里暖暖的，冲刷着我的心脏。

这时，我才明白，最美的颜色不是碎冰蓝的颜色；不是天空的颜色；不是大海的颜色；不是女孩眼睛的颜色；生活中，人世间，最美的颜色，是爱！

我静静地等女孩睡着了，用我毕生的力量，在天空中划下了一颗心，接着，便落入了老蓝的那片海。

吕思漫

奇迹般地，海水涌向了天空，漫延着，汹涌着，仿佛一条在海底睡醒的巨龙腾空跃起，弹指间来到了天空。恍惚间，一种神奇的力量在我体内流动，像有一阵风，陡然吹过心头一样。接着，一切又回归了平静。

第二天，曙光将至，兔子们又来给我们染色。

"我跟你们说，绝对是人类干的！"

这一刻，我们都知道了，我们回到了昨日，时光倒流了，花瓣上便含着一汪清澈的泪。

这一次，我们重新作出了抉择……

二、满足儿童内心的愿望，缓解现实生活中的负面情绪

我曾经问过孩子：假如你拥有魔法或者超能力，你最想实现的心愿是什么？答案五花八门，但无外乎健康、团圆、幸福、美好、财富、智慧、和平、光明、自由、平等、没有灾难和罪恶、梦想成真、起死回生、长生不老、时光倒流……这些愿望，有的很容易实现，有的经过不断追求，也许能够成真，也有的，可能真的只是痴人说梦。而童话神奇的想象，满足了儿童的一切愿望和要求。在阅读中，他们会发自内心地感到放松、欣慰和快乐。这种感觉，应该和吃到美味的食物、得到心仪的玩具、漂亮的衣服，完全不同，简直无法用语言来描绘。

优秀的故事适合所有孩子的成长。我虽然无法阐明故事的哪个具体部分和元素可以像医疗手段一样有利于孩子的成长，但童话的确能够缓解学习、生活中的各种不良情绪。童话的抚慰作用很强大，一个女生在日记中写道：

第二天，我被打得鼻子冒出了血，咬着牙走回去。回到房间，我躺在床上，跟小熊诉苦，可他永远只能微笑。突然，从书柜上掉下来一本书，叫《人鱼公主》，里面写了人鱼公主救了王子，最后王子却娶了别人。人鱼公主掉入海中，化为泡沫，真感人，这不禁让我的心灵得到安慰。

这是一个在学习和生活中都处于弱势的孩子，她能从童话中汲取温暖，释

放压力,也算是一件幸运的事。每个人都需要一个"安静角",童话和音乐一样有治愈作用。

三、在感悟中提升精神境界

阅读是最好的育人路径,可以提升儿童多方面的素养。阅读童话,儿童从"童话偶像"身上汲取养分,获得成长的力量,实现精神境界的提升,成为更好的自己。

安徒生的艺术童话《海的女儿》《丑小鸭》《坚定的锡兵》等散发着迷人的人性光辉,对弱者充满同情,追求真、善、美。锡兵是一个"军人",他严守军人的纪律,时刻站得笔直,尽管他经历坎坷,依然保持"军人"的品性,对爱情也一样忠诚,至死不渝。丑小鸭渴望"广阔的世界","只要你曾经在一只天鹅蛋里待过,就算你是生活在养鸭场里也没有什么关系",历经磨难,终究会变成白天鹅。小人鱼性格古怪、沉默、富于深思,向往人类世界,渴望得到一个不灭的灵魂。她善良、理性,宁愿变成泡沫,也不愿意刺死王子。这分明就是一个人的故事,告诉我们怎样才能"永生"——善良的行为可以获得不灭的灵魂。

阅读张天翼《宝葫芦的秘密》,经历着主人公王葆的经历,儿童逐渐认识到,靠宝葫芦不劳而获,带来的不是幸福,而是烦恼,从而懂得这世上没有不劳而获的好事,要踏踏实实、勤勤恳恳地追求自己的梦想和幸福。

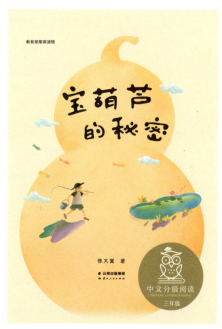

张天翼著,云南人民出版社 2016 年 8 月版

幸福
当王葆有了这个宝葫芦，想要什么就有什么。
王葆说："我要一些鱼"。水桶里立马出现了一大堆鱼。
王葆希望有很多花草，于是十几盆名贵花草出现在桌上。
当王葆考试时，宝葫芦立马让纸上出现了所有答案。

烦恼
当王葆带着他的鱼回家时，遇见了郑小登。为了不让他知道宝葫芦的秘密，王葆只好一直对他撒谎。
宝葫芦根本不懂花的知识，把花插错了。因此王葆遭到了爸爸的批评。
宝葫芦把苏鸣凤的试卷换到了王葆手里，老师发现了，同学们都对王葆议论纷纷。

四年级　吴思远　《宝葫芦的秘密》思维导图

幸福

钓到宝葫芦，只要保守秘密，想什么就有什么。
宝葫芦初试身手，变出各种鱼，还有名贵品种。
我肚子饿了，变出各种熟食和零食。

烦恼

- 我让宝葫芦建新校舍，它不干，我出了洋相。
- 宝葫芦偷《科学画报》，我只能撒谎装病还书。
- 我下象棋想"吃马"，宝葫芦让我真吃了棋子。
- 宝葫芦变假爸爸，我开始怀疑周围人的真假。
- 杨栓儿误解我是小偷，要求结交，我百口莫辩。
- 数学考试宝葫芦给我偷卷子，我受到老师和同学的怀疑。
- 宝葫芦只会拿进东西，不会归还东西。
- 我决心不要宝葫芦，但是怎么也摆脱不了。

宝葫芦让我一直说谎，远离亲人和朋友。

三年级　凌陈锜　《宝葫芦的秘密》思维导图

儿童文学作家汤汤在讲座《童话带给我们什么？——善良、智慧和想象力》中说过："被优秀的童话滋养过的心灵，长大了以后会更善良也更有力量，更有把一生过幸福的能力。童话的作用是滋养童年的心灵，从而滋养一生。"

四、了解自然、社会和世界的窗口

童话是现实生活的折射,也是儿童认识自然、了解社会、读懂世界的媒介。毋庸置疑,大多数儿童喜欢读童话,对童话有一种天然的亲近感。很多童话都是以动物、植物为主人公,这便是儿童认知的开始,一花一草,鸟兽虫鱼,儿童在阅读童话的过程中积累了知识,增长了见闻。作家把现实世界中发生的事,用儿童可以接受的方式传达出来,儿童也在阅读中学会了待人接物,习得了好习惯,领略了美丑,分清了善恶。童话还用神奇的方式,为我们打开了世界的大门。跟随《骑鹅旅行记》中的尼尔斯,我们领略了瑞典的自然风光,了解了地理和历史知识,聆听了许多传说故事。

[瑞典]塞尔玛·拉格洛芙著,高子英、李之义、杨永范译,人民文学出版社2018年6月版

·第二节·童话对于成人的治愈

有童话的童年能够温暖和照耀人的一生。譬如我,直到现在,我的耳边似乎还时常回响着三十几年前那熟悉的旋律和稚嫩的歌声:"小兔子乖乖,把门儿开开,快点开开,我要进来!""不开,不开,我不开!妈妈没回来,谁来也不开!"童话的魅力不可小觑,它穿越时空而来,让每一个读到它、回想起它的成年人安顿了自己的灵魂。

童话的治愈作用不仅存在于孩童时期,还会一直延续到成年时期,甚至到老年。童话里没有真正的恐惧和伤害，童话里的困难总是可以被克服。在本书写作过程中，一遍又一遍地阅读《安徒生童话》《格林童话》，治愈了我写作的焦虑，甚至让整个人变得振奋起来。很多童话，虽然主人公历经艰辛，但结局却无比圆满。读童话的感觉，就像熬夜追自己喜欢的影视剧，很虐心，也很过瘾，那种畅快淋漓是从心底里喷涌出来的。

经典童话《柳林风声》蕴含一个极具魔力的主题"召唤"，召唤我们"走出去"，也召唤我们"回家了"。"家！这就是它们向他传递的信息！一连串亲切的请求，一连串从空中飘来的轻柔的触摸，一只只无形的小手又拉又拽，全都朝着一个方向！啊，此刻，它一定就近在眼前，他的老家，自打他第一次发现大河，就匆匆离去，再也不曾返顾的家！现在，它派出了探子和信使来寻访他，带他回来。""不过，有这么个地方可以回归，总是件好事。这地方完全是属于他的，这些物件见到他总是欢天喜地，不管他什么时候回来，总会受到同样亲切的接待。"是不是有很多读到这个片段的大人，像我一样，热泪盈眶。年少时，曾有出走的豪情，年岁渐长，常有回归的渴望。成年人在人生的旅途中疲于奔命，总是容易被轻易触动和融化。"家"是一个实实在在的温暖港湾，也是一个抽象的心灵寓所。

吕旭亚在《公主走进黑森林：用荣格的观点探索童话世界》中，以"灰姑娘原型"故事为例，探讨了女性的成长历程。他选用的是俄国版《美丽的瓦希丽萨》，这个故事描述了女性心灵发展中的重要困境：母女关系。

故事中，好母亲死亡，坏母亲登场。主人公不得不离家，展开自己的旅程，朝着继母所代表的黑暗母亲原型前进。《美丽的瓦希丽萨》呈现了我们对母亲的又爱又恨，标注了女性自我发展历程里重要的两站：正向母亲情结及负向母亲情结。

通过这个故事的意象，接触到深藏于内在的孤儿感受。英雄之旅是个人寻找真实自我、完成自我的过程，踏上英雄之旅的第一步，则是承认我们每一个人都是孤儿。母亲之死，带出来的是女性必须面对自己内在黑暗的这个原型，一个女英雄的成长之路就此展开。

瓦希丽萨原本的世界失去了光，她必须走进森林最黑暗处，去跟那位会吃人的女巫借火。火，代表了光，代表了一种看见、觉察和顿悟。瓦希丽萨被赶出门时，随身携带着木刻娃娃，这个护身符代表了正向母亲、正向情感的联结，这帮助她顺利完成了取火的艰巨任务。木刻娃娃象征着女性力量，所以，好的母女关系可以作为生命滋养、给予与补给的动力，它与我们长出独立自我并不抵触。

这个童话里继母和两位姐姐，代表了女性的阴暗面。当我们决心面对内在阴影时，不逃走，与之搏斗，阴影处就会被觉察的光照亮。这样，我们才能完成女性的自性化历程。

荣格认为，邪恶出现，其实带着某种目的，如果这个意义被理解，我们就不会无知地坠入其中，反而会发展出对于个人或集体的对黑暗更深刻的理解。

童话对于成人的治愈，对生命的修正与创造早已被很多童话学、心理学研究者写进了书里，《童话中的男性进化史》《拯救王子的公主：唤醒世界的女性童话故事》《从此以后：童话故事与人的后半生》《女巫一定得死：童话如何塑造性格》等书，从男性、女性、老年等不同角度，带领成人重读经典童话，探寻自己的内心，获得精神的生长，从而超越自我。

·第三节·童话的教学价值·

统编版小学语文教材中，童话类文本占据一定的分量，主要分布在低中段，分别安排在"课文""和大人一起读""我爱阅读""快乐读书吧"等板块中。就童话类型而言，有民间童话、科学童话、童话诗等大量创作童话。少数童话为略读课文，绝大多数都需要精读。

童话文本分布统计

册 数	分 布 情 况				总 数 60篇（部）
	课 文	和大人一起读	我爱阅读	快乐读书吧	
一年级上册	2篇	4篇			6
一年级下册	8篇	2篇			10

续表

册数	分布情况				总数 60篇（部）
	课文	和大人一起读	我爱阅读	快乐读书吧	
二年级上册	6篇		2篇	6部	14
二年级下册	7篇		3篇		10
三年级上册	7篇			3部	10
三年级下册	4篇				4
四年级上册	1篇				1
四年级下册	3篇				3
六年级下册				2部	2

《义务教育语文课程标准（2022年版）》中"童话"二字出现的频率变高，集中在低中年段：

【学段要求】

第一学段（1—2年级）：

"阅读与鉴赏"："阅读浅近的**童话**、寓言、故事，向往美好的情境，关心自然和生命，对感兴趣的人物和事件有自己的感受和想法，并乐于与他人交流。"

【内容组织与呈现方式】

·"发展型学习任务群"——"文学阅读与创意表达"

第一学段（1—2年级）："学习儿歌、**童话**，阅读图画书，体会童真童趣，感受多姿多彩的生活，初步体验文学阅读的乐趣。"

第二学段（3—4年级）："阅读富有想象力和表现力的儿童文学作品，欣赏富有童趣的语言与形象，感受纯真美好的童心，学习用口头或者图文结合的方式创编儿童诗和有趣的故事，发展想象力。"

·"拓展型学习任务群"——"整本书阅读"

第一学段（1—2年级）："阅读自己喜欢的**童话书**，想象故事中的画面，学习讲述书中的故事。"

第二学段（3—4年级）："阅读儿童文学名著，如《稻草人》《爱的教育》等，感受作品传达的真善美，用自己喜欢的方式讲述故事大意。"

【学业质量描述】

第一学段（1—2年级）："喜欢阅读图画书、儿歌、**童话**、寓言等，在阅读过程中能根据提示提取文本的显性信息，通过关键词句说出事物的特点，作简单推测；能借助关键词句复述自己读过的故事或其他内容，尝试对阅读内容提出问题；愿意向他人讲述读过的故事，乐于向他人展示自己的作品；喜欢积累优美的词句，并尝试在口头和书面表达中运用。"

第二学段（3—4年级）："喜爱阅读童话、寓言、神话等，在阅读过程中能提取主要信息，借助阅读经验和生活经验预测情节发展；能结合关键词句解释作品中人物的行为，从某个角度分析和评价人物；能发现作品中的优美词语、精彩句段，并根据需要进行摘录；能借助上下文语境，说出关键语句、标点符号、图表在表达中的作用；能复述读过的故事，概括文本内容，根据自己的阅读理解提出问题并与他人交流；乐于和他人分享阅读所得，关注有新鲜感的词句，并有意识地在口头和书面表达中运用。"

这些数据和条款，充分彰显了童话类文本在小学语文教学中的重要性和价值。大多数小学生对于童话故事较为热爱，童话故事把他们带进一个奇妙的王国，一个多彩的世界，让他们经历与感受各种曲折人生，奇幻转折。童话教学符合学生的身心发展特点及规律，因其故事情节的趣味性，让学生对所学内容产生极强的探究欲望，激发了阅读兴趣，体验了文学阅读的乐趣，逐渐提升了文学素养。学生感受到了作品传达的真善美，提升了精神品质。小学生由于自身年龄和认知的特点，对很多事物不会有固定的看法与思维模式，童话教学也激发了他们无穷无尽的想象力与创造力。

第四章
童话阅读与教学策略

·第一节· 童话阅读与教学的现存问题 ·

我曾听过一节童话整本书读后交流课，所读之书是拉斯伯、毕尔格的《吹牛大王历险记》。开课伊始，教师的导入语很精彩："……主人公敏豪生的坐骑千奇百怪，经历曲折离奇……"然后，教师让孩子们借助插图复述故事。我在阅读时并未特别关注到敏豪生的坐骑，不禁暗暗佩服这位年轻教师的细致，以及独特的视角和话题设计的能力。

可接下来，教师话锋一转，整节课都在带着孩子们感悟敏豪生的形象，先贴出了勇敢、自信、聪明、善良等标签，再到文中找相应的语段来印证，最后，联结到生活中有哪些这样的人……整节读后交流课，没有追问和让人灵光一现的互动生成，像一场事先排好的"演出"。更何况，所谓的勇敢、自信、聪明、善良的形象特征，都是从敏豪生吹牛吹出的"历险事件"中彰显出来的。

这节课，到底应该围绕什么展开交流？是仅仅围绕人物形象，还是从吹牛和历险中去感受人物形象，体会作者想象的奇妙？我以为，应该体会敏豪生吹牛水平的登峰造极，感悟童话神奇的想象。

究竟是什么原因导致这节课跑偏了？综观当下的童话教学，有些教师的用力点好像出现了偏差。童话的基本特征是幻想，备课时，教师就应该抓住幻想这个核心特征去设计交流话题。

另外，对于童话形象的感悟，教师们最喜欢抛出："×××是个怎样的人?"随即拎出几个关键词,然后进一步追问:"你从哪里看出来的?"这是一种印证式教学,有贴标签之感。理想的状态是,教师带领学生亲近童话文本,抓住重点句段品读感悟,紧扣重点词语涵泳咀嚼,一步步演绎式地获得对童话形象及其精神内核的深刻感悟。

还有,在教材内单篇童话教学中,最常见的现象是在厘清文本内容时,纠缠太多,挖得过细,总是想方设法引导孩子弄清楚情节的关系,童话角色为什么会这么说,这么做,接下来还会怎么做等。童话教学的突出问题表现在:基本特征把握不清,忽略想象;知识教授过于生硬,忽视品读;讲述道理显得机械,忽视感悟。关注写什么,忽略怎么写;关注讲述道理,忽略情感体验等方面。

·第二节· 童话有效阅读与教学的策略·

童话之美,究竟美在哪里?童话的阅读与教学,究竟有哪些侧重点?

在编辑梁燕对汤汤的访谈《汤汤:搭建自己的童话国》中,汤汤曾说:"我希望我创作的童话,它是独特迷人的,是有意蕴有意境的,文字能闪烁出质朴的华彩,故事讲得静水流深或者惊心动魄,能吸引读者一口气读完,读完以后,灵魂里产生回响,或微笑或叹息或得到启迪和力量,或者让人内心更加纯净柔软。"这段话道出了好童话的秘密,也指明了阅读和欣赏童话的几个角度:引人入胜的情节、精妙绝伦的想象、丰富悠远的意蕴、清浅深刻的语言等。从教学角度来说,这些就是我们要结合具体童话文本,有所侧重的童话教学内容。

一、整体感知内容,梳理童话情节

读完一篇童话作品,首先要整体感知文本内容。但很多孩子读完作品,往往不能概括故事内容,讲述起来总是有很多口头禅:"这个""那个""然后""然后"……支支吾吾,零零散散。因此,指导学生把握故事的结构尤为重要,弄清了作品内在的"整体格式塔"(由张学青提出),童话情节的梳理就变得不费吹灰之力。参考张学青老师的梳理,童话作品大致有这样几种结构类型。

1. 单线型结构

单线型结构以主人公的行动贯穿整个故事。如《丑小鸭》就是以丑小鸭的成长历程为线索,丑小鸭走到哪里,故事就发展到哪里。《木偶奇遇记》也是采用"主角带着故事跑"(林良语)的叙述方式,以主人公皮诺乔的成长变化为主线。

2. 对比性结构

对比性结构在对比中表现事情和人物。如金波的童话《雨点儿》中,大雨点儿和小雨点儿的对比。张秋生的多篇童话采用对比性结构,《两只鹅》中,鹅在水里的优雅和在岸上的步履蹒跚形成对比;一只鹅隐藏自己的笨拙,只展示优雅的一面,饿得头晕眼花,另一只鹅不惧怕笨拙,展示全部的自己,两只鹅亦形成对比。《九十九年烦恼和一年快乐》中,老犀牛前九十九年总是生活在找东西的烦恼中,而最后一年,因为小浣熊的帮助,生活变得井井有条,人也更加健康、快乐。《卖火柴的小女孩》中幻想与现实的对比。还有王尔德童话中的《公主的生日》这篇,公主的美丽外表和丑恶内心的对比,小矮人的丑陋样子和内心善良的对比,小矮人对公主的爱慕和公主对小矮人的捉弄对比。

张秋生著,天津人民出版社 2020 年 8 月版

3. 反复性结构

很多童话,尤其是民间童话,在叙述上最为显著的特点就是重复。同一个情节,同一个场面,可以用同样的话来重复三次或更多次。这些重复也不是一字不漏地重复,也会有一些变化。如《老头子做事总不会错》。还有一些适合低龄段孩子阅读的创作童话,也常用反复手法,教材中的《蜘蛛开店》《青蛙卖泥

塘》等,都暗合着"三"。这种模式化的艺术方式,使故事中的人物、生活、世界变得简单、明晰,容易记忆和讲述。

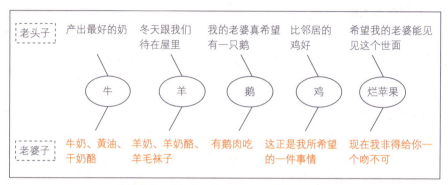

黄韩老师 《老头子做事总不会错》思维导图

郭初阳老师 《老头子做事总不会错》交换图

4. 环形结构

故事情节不断推进,不断发展,但最后又重新回到起点。《渔夫和他的妻子》中,渔夫的妻子越来越贪婪,永不知足,最后生活又回到了原点,坐在了破船里。也有的回归,是一种螺旋上升式的回归,最后获得了幸福的结局。

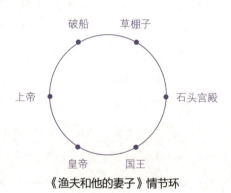

《渔夫和他的妻子》情节环

032　童话的阅读与教学

5. 冰糖葫芦式结构

冰糖葫芦式结构就是一条线索串起一件件事情，每件事情都有相对的独立性，比如艾诺·洛贝尔的《青蛙和蟾蜍》，还有冰波的《孤独的小螃蟹》。

常妙苒 《孤独的小螃蟹》情节图

6."故事套故事"型结构

"故事套故事"型结构在中长篇童话中居多，比如陈诗哥的《我想养一只鸭子》，还有经典童话《小王子》。这样的叙述方式，让文本意蕴更丰富，更需要读者有俯瞰式整体把握文本的能力。

《我想养一只鸭子》结构模式

第一章"鸭头"："我"想养一只鸭子，所以写了一个鸭子的故事；

第二章到第八章：在故事里，鸭子创造了世间万物，包括作家，最后鸭子也想养一个作家；

第九章到第十章："我"和鸭子是相互驯养的关系。

> **《小王子》结构模式**
>
> "我"的童年经历—飞机故障—在沙漠中与小王子相遇。
> 小王子的星际旅行：
> 第一颗行星、第二颗行星、第三颗行星、第四颗行星、第五颗行星、
> （国王）　（爱虚荣的人）（酒鬼）　　（商人）　　（点灯的人）
> 第六颗行星、地球
> （地理学家）（"我"）

7. 球型结构

球型结构就是围绕一个主题，从各个层面，多角度展开叙述。《失去的和永远的》是冯与蓝《一只猫的工夫》中的最后一篇，它用复杂的球形结构，写了植物、动物等众多生命的离去和永恒，表明了生命平等的观点。任何一种生物都会死亡，也都有抵达"不死"的方式，即"永生"。

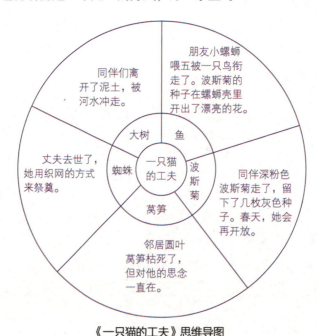

《一只猫的工夫》思维导图

教师引导学生把握童话故事的这些结构类型，可以帮助他们更好、更快地记住故事的大致情节，也可以作为后续创造性复述故事的"支架"。

二、"天真的阅读"，感受奇崛想象

相信童话，才能领略想象的魅力。中国海洋大学朱自强教授在《小学语文儿童文学教学法》一书中写道："天真的阅读"就是对文学所创造的世界怀着信赖心态的阅读。在童话阅读中，尤其需要这种"天真的阅读"，如果用科学思维、思辨阅读法来欣赏童话，恐怕就读不下去了。童话是想象出来的，总有一些让人感觉奇妙的地方，童话教学中，要让孩子们充分默读或朗读文本，寻找那些觉得特别神奇之处。

汤汤的《美人树》中，有一棵美人树，上半部分是人的样子，下半部分却是冬青树的树干。不仅如此，美人树和人还可以互换身体。汤汤不愧是童话奇才，她的想象古灵精怪，出人意料。

冬小青从苦楮树上扯下一根藤，把自己和土豆一圈一圈绑在一起，最后还打了个结。她拿两只脚互相蹭一蹭，脱落了鞋子，光脚踩在树根上，胳膊抱住土豆，发出一声长长的满足的叹息声。

是的，她已经很饥渴。虽然她也吃人类的食物，可是食物代替不了她的生命真正需要的东西，那些东西只有泥土里才有。

她的腿很快往泥土里扎了进去，接着她变回了一棵树，这正是她原来的样子。而土豆变成了一个女孩，是小美的模样，她靠着冬青树，紧闭双眼。

她们在短短的五秒钟时间里互换了。

——汤汤《美人树》

新美南吉是日本儿童文学作家，被誉为"日本的安徒生"。他的《小狐狸买手套》触动人心。小狐狸的手冻麻了，想去买手套，狐狸妈妈曾在镇子上险些送命，对人类充满恐惧。小狐狸的小手瞬间变成小孩手的场景，那么神奇，又那么自然。

狐狸妈妈握住了小狐狸的那只小手，不一会儿，就把它变成了一只小孩的手。好可爱的小手啊，小狐狸一会儿张开，一会儿握住，一会儿捏捏，一会儿咬咬。

——新美南吉《小狐狸买手套》

刘易斯·卡罗尔的《爱丽丝漫游奇境》想象无与伦比，令人拍案叫绝。爱丽丝在奇境中遇到了一只与众不同的猫。它时隐时现。

"好吧。"猫说。这次它消失得相当缓慢，最早消失的是尾巴尖，最后是微笑，它的各个部分消失后，微笑还滞留了片刻。

"好啊！我常见的是没有笑容的猫，"爱丽丝想道，"这次却见到了没有猫的笑容！这是我生平见到的最奇怪的事了！"

——刘易斯·卡罗尔《爱丽丝漫游奇境》

塞尔玛·拉格洛芙《骑鹅旅行记》第5章《克拉山鹤舞大表演》场面壮观神奇：乌鸦的飞行舞、山兔的表演、大松鸡的啼鸣、马鹿的角斗、大雁的表演……让人目不暇接。

那些灰色野鸟就像披云带雾一样飞了过来。他们翅膀上长着挺秀的羽毛，颈项上有红色羽饰。那些腿高、颈细和头小的大鸟从他们的小丘上滑了下来，使人看得眼花缭乱。他们从小丘上滑下来时，一面绕着小圈一面半飞半舞。他们优雅地张着翅膀，神速前进。他们的舞蹈奇异而别具一格，就像灰色的影子在做游戏，使人目不暇接。这种舞蹈好像是从荒凉的沼泽地上空的云雾那里学来的。在他们的舞蹈里有着一种魔力；以前从未到过克拉山的人现在才明白，为什么整个表演用"鹤舞大表演"来命名。他们的舞蹈显得粗犷，而激起的感情却是一种甜蜜的憧憬。此时此刻再没有人想到斗争。相反，所有的动物，有翅膀的和没有翅膀的，都想无限高飞，到太空去进行探索，想遗弃自己笨重的肉体，飞向天堂。

——塞尔玛·拉格洛芙《骑鹅旅行记》

蒋军晶在《童话这样教》一文中说："在童话的语境中，真实不再是正常逻辑上的真实，而是心理上的真实、情感上的真实。"阅读童话，就是要带领孩子们朗读品味这些绚烂的场景，体会作品奇崛的想象，从而激发孩子们蓬勃的不可抑制的想象力和创造力。王一梅在《走近童话》中说："童话有着虚幻的情节，却永远保持着真、善、美。"

三、聚焦重点词句，感悟童话形象

童话中塑造了很多经典的人物形象，林良先生称之为"童话偶像"。快乐王子曾经那么英俊、高贵，"满身贴着薄薄的纯金叶子，一对蓝宝石做成他的眼睛，一只大的红宝石嵌在他的剑柄上，灿烂地发着红光"。但是，当他看到辛苦劳作的缝纫女工没有钱给生病的孩子买吃的、寒风中卖火柴的小女孩在瑟瑟发抖着哭泣、贫穷的年轻人在冰冷的阁楼上为生计而写作，不禁流下热泪，将自己身上所有的金箔、宝石摘下分送给穷人们，变成一个灰头土脸、黯然失色的石头人。这是何等高贵的心灵，读这样的童话，净化了人的灵魂。

海的女儿用她三百年的寿命和世上最美丽的歌喉将鱼尾换成人腿，从此变成了哑巴，并且忍受着每迈一步都好像是在尖刀上行走的痛苦，全心全意地热恋着年轻英俊的王子，渴望得到一个不灭的灵魂。当她所有深情而坚忍的付出都被王子忽视、王子即将迎娶他人做新娘时，她再一次为了心爱的人默默牺牲了自己青春美丽的生命，宁愿化作海上的泡沫也不愿将尖刀刺入王子的胸膛。这是多么凄美的故事，让人感受到一种悲剧的美。

对于童话形象的感悟，依赖童话文本本身，读多了，就会修炼出一双火眼金睛，能够透过对人物外貌、语言、动作、神态、心理等词句段的描写，与文本中其他角色，以及自身前后的对比、联结中，从文字细节处，领悟人物形象的特质。比如，把描写海的女儿的文字和描写姐姐们的文字一对比，主人公的与众不同之处、独特的精神密码就彰显出来了。

四、反复阅读玩味，抵达童话主题

童话的主题很丰富，譬如友情、爱和美等，温馨而令人动容。

二年级上册"快乐读书吧"中，严文井的童话，充满趣味，将深刻的哲理"勇气""权威""一往无前"清浅地表达出来；陈伯吹的童话，时代气息浓郁，有隐喻，主题宽泛，战争这样的话题都写进了童话。

新美南吉的童话主题向善向美，充满温馨，充满爱，又弥漫着悲伤，他渴望母爱，渴望家庭的温暖，渴望与他人交流，渴望互相理解。

这世界上有太多的童话，需要用一生才能真正读懂，它们蕴含的哲理和智慧，可以帮助我们去感悟人生，认识世界。我们兴致勃勃地读着，反复回味着，慢慢成为有深度、有内涵的人，从而把一生过得更有价值和意义。《小王子》就是一部充满哲思的童话：

驯养，就是"建立信任"。如果你驯养了我，我们就互相不可缺少了。对我来说，你就是世界上唯一的了。我对你来说，也是世界上唯一的……你有着金黄色的头发。哦，一旦你驯养了我，这就会变得十分美妙。麦子的金黄色会使我想起你。而且，我甚至会爱上那风吹麦浪的声音……

这部伟大的作品，用童话的方式，诠释了深刻的话题：爱、责任和担当……这本书值得一遍又一遍地阅读，在不同年纪会读出不同的感悟。

童话的主题一般比较鲜明，有的会在故事中直接交代出来，有的需要经由对情节的梳理，对人物形象的感悟自然而然地抵达。而有些象征意味的童话，则需要教师的引导点拨，才能真正理解作家想要传达的思想。

五、浸润式对比阅读，领略童话风格

读一个作家的多篇童话作品，可以了解作家的创作风格；对比不同作家的童话，可以感受不同风格的美。

1. 从语言风格的角度

作家的语言风格有很多种，朴素自然、含蓄隽永、诗意丰盈、清新雅致、婉约细腻、干净灵动、幽默风趣等。《安徒生童话》是典型的抒情派童话，他的童话语言如诗如画，营造出情景交融的优美意境，值得反复朗读。

在海的远处，水是那么蓝，像最美丽的矢车菊花瓣，同时又是那么清，像最明亮的玻璃。然而它是很深很深，深得任何锚链都达不到底。要想从海底一直达到水面，必须有许多许多教堂尖塔一个接着一个地联起来才成。海底的人就住在这下面。

——安徒生《海的女儿》

《柳林风声》是英国作家肯尼斯·格雷厄姆的作品，发表于1908年。书中以细腻典雅的笔调描绘了大自然风光的诗意变化，被誉为"英文散文体作品的典范"，著名翻译家杨静远的精妙译文被誉为"信、达、雅"的典范，还原了《柳林风声》典雅隽永的文笔。这段对"大河"的描写，尤为经典。

这只光光滑滑、蜿蜿蜒蜒、身躯庞大的动物，不停地追逐，轻轻地欢笑。它每抓住什么，就咯咯地笑，把它们扔掉时，又哈哈大笑，转过来扑向新的玩伴。它们挣扎着甩开了它，可到底还是被它逮住，抓牢了。它浑身颤动，晶光闪闪，沸沸扬扬，吐着旋涡，冒着泡沫，喋喋不休地唠叨个没完。

——肯尼斯·格雷厄姆《柳林风声》

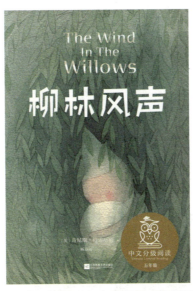

[英]肯尼斯·格雷厄姆著，杨静远译，江苏凤凰文艺出版社2020年12月版

冰波的童话《蓝鲸的眼睛》《孤独的小螃蟹》等也同样唯美、诗性，充满温情，又夹杂着淡淡的忧伤。

孙幼军的长篇系列童话《怪老头儿》情节荒诞离奇，幻想怪异狂野，语言通俗浅易，多用俚语，堪称一部"京味童话"。

"是这么着，"怪老头儿说，"除了脑袋长得大了点儿，小脖儿细了点儿，你这孩子还算不错！你跟我到家去，我满足你一个愿望。比方说，你想不想要一个带磁铁的新文具盒？再比方说，你至少应该要一包虾皮吧？不然，你回去拿什么给飞侠拌饭吃？"

——孙幼军《怪老头儿》

孙幼军深谙儿童心理，他的《小猪唏哩呼噜》《小狗的小房子》等作品中角色的言行特别像儿童的言行举止，幽默，充满喜剧效果。读一读这些小狗的语言，多么充满童真童趣啊！

大狼怕什么！我可有劲儿啦！我咬他，把他咬流血！

我用枪打他"砰"！打死啦！

没事儿！你别管啦，我一个人扛着！

不累！累什么呀？一点儿都不累！

让我想一想……啊，对啦，我想起来啦！有一个故事，叫"小猫钓鱼"，可是还有一个故事，就叫"小狗钓鱼"，就是你讲的那个。

……

——孙幼军《小狗的小房子》

2. 从表现手法的角度

前面已经提到，童话作家用来讲述故事、塑造形象和传达思想的艺术表现手法很多，最主要的有拟人、变形、夸张等。

张天翼的《大林和小林》是 20 世纪中国最优秀的童话精品，构思奇特，想象大胆，情节曲折。其漫画式的夸张手法更令人过目不忘。在捕捉小林的时候，狐狸平平的帽子被风吹飞到天上，挂到月亮的角尖上，等月亮圆了挂不住的时候，才能拿到他的帽子。

大林发胖后，无论笑还是哭都要两百个侍从分工合作帮他拉扯肌肉才能完成。参加运动会五个小时才跑完，比蜗牛和乌龟还慢……这些情节滑稽、幽默，充满了喜剧效果。

唧唧身体不知道有多么重，三千个人也拖他不动。唧唧本来住在楼上的，现在不能住在楼上了，因为怕唧唧一上楼，楼就会塌下来。你要是对唧唧笑，唧唧可不能对你笑，因为唧唧脸上全是肉，笑不动了。唧唧要是一说话，牙床肉就马上挤了出来。到了冬天以后，连指甲上都长着肉。

——张天翼《大林和小林》

汤汤是一个将童话的变形手法运用得炉火纯青的作家。《美人树》里有半人半树的形象；《青草国的鹅》中，10岁的女孩子草樱被大白鹅咬过以后，变成了一只鹅，回到了青草国；《水妖喀喀莎》中，喀喀莎经过多次变形：水妖—普通人类—蓝婆—水妖—鱼—水滴；《喜地的牙》中，男孩喜地开始掉牙了，可是每一颗牙齿的更换都让喜地变得更加怪异：他长出了长耳朵、大尾巴、长脖子……然而不论他变成了什么样子，妈妈和姐姐都坚定地守护着他，包容着他，最终，爱的力量解除了兔子人的魔法，喜地换好了牙，也成长为一个正常、健康的孩子。《小野兽学堂》中，一群小野兽到了夜晚，就藏起了尾巴，变成小娃娃；而主人公早早居然是一只被人类收养的野山羊……

领略童话的创作风格，对学生来说是比较高的要求。文学感悟力的提升需要长期浸润在优秀的作品中，更多依赖语言直觉、思维直觉，以及审美直觉。教师在提升孩子理性思维能力的同时，要注意保护这种直觉。

第五章
童话的教学要求和范式

·第一节·童话的教学要求·

根据《义务教育语文课程标准(2022年版)》要求,结合统编版教材童话单元教学目标、每篇童话的课后习题,以及二十多年语文教学经验,十多年整本书精读、群书阅读的实践总结,梳理出了小学阶段童话的教学要求。

小学阶段童话的教学要求

第一学段(1—2年级)	第二学段(3—4年级)	第三学段(5—6年级)
1. 分角色朗读。学习默读。	1. 初步学会默读,边读边想象画面。	1. 默读有一定的速度。
2. 了解童话内容,学会提取显性信息,尝试对童话内容提出问题。	2. 学会提问。	2. 梳理童话结构,发现童话的叙事特点。
3. 喜欢阅读童话,感受阅读童话的乐趣;发挥想象,走进故事情境。	3. 能初步梳理童话情节,理解主要内容。	3. 细读童话,理解句子段落篇章的含义,读懂隐喻及象征。
4. 能复述大意或讲述自己感兴趣的情节。	4. 初步评价童话人物,品味童话主题;主动分享阅读感受。	4. 整合推论、评价鉴赏,提高审美情趣。
5. 初步感受童话的语言表达,训练口语表达;喜欢积累优美的词句。	5. 学会童话阅读的一般方法,转换角色,融入童话,体验童话情境。	5. 体会童话中人物的情感,关心人物命运。
6. 联系生活实际,学习童话中的科学知识;针对童话内容,发表自己的想法。	6. 合理运用预测、推想、对比阅读的策略。	6. 感受作者个性化的言语表达。
7. 制订童话整本书阅读计划。	7. 初步感受童话优美的语言,积累语言,根据需要进行摘录。	7. 反思童话主题,能对童话作品进行整体评价。
8. 用自己喜欢的方式向他人介绍读过的童话整本书。	8. 讲述故事,力求具体生动;续编故事、创编童话故事、课本剧,尝试表演。	8. 积极向同学推荐优秀童话整本书作品,并说明理由,分享自己的阅读经历、体会和方法。

低年级重在朗读积累,初步感受童话的言语表达,学习简单复述,讲故事;

中年级注重学习童话阅读策略，多维度精读童话；高年级则侧重结构上的整体把握，以及品鉴能力的培养。

·第二节·童话的一般教学范式·

童话的教学有没有一般规律可循，新手上路能不能尽快找到"最佳教学路径"？研究童话的一般教学范式，也许，能快速入门。

我要谈的童话教学范式涵盖教材内单篇童话教学和童话整本书教学。童话整本书教学又分短篇童话集教学和中长篇童话教学。

一、单篇童话第一课时教学

教材内单篇童话第一课时教学一般为初读课文，初步感知童话内容，集中或分散识字。江苏省海安市李堡镇中心小学的姚海燕老师执教统编版小学语文一年级下册第13课《荷叶圆圆》第一课时，分为四个板块：创设情境，揭示课题；学习字词，理清文脉；细读交流，品悟表达；指导书写，交流评价。

姚老师运用看图识字、联系生活识字等方法学习"摇""珠"等生字，认识"身字旁"；通过观察比较，掌握带有"几"的"亮""机""朵"这三个生字的书写要点，并能够按笔顺正确书写。借助插图，联系生活经验理解"停机坪""摇篮""透明"等词语的意思；通过做动作知道"躺""展开"等词语的意思。学习并仿照"荷叶圆圆的，绿绿的"的句式说话。理清课文脉络，精读并背诵课文的1—3自然段，感受夏天的美好。

二、童话整本书导读课教学

童话整本书教学的初读，低年级一般通过教师大声读给孩子听或者亲子共读的方式进行。教师或家长每天安排固定时间，各给孩子朗读 5~15 分钟，也鼓励有能力的孩子自主阅读；高年级则更多依赖学生自主阅读，并完成相应阅读单，为交流课做充分准备。

其实，有的童话作品，不一定非要上满 40 分钟的导读课，有时候，三言两语的简单介绍就能点燃孩子们的阅读热情。也可以设计 20 分钟左右的微课，多留一点时间给孩子自主阅读。

▎单篇童话第一课时和童话整本书导读课教学

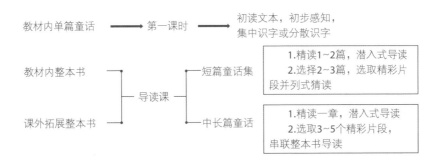

1. 短篇童话集教学导读

短篇童话集可采用精读 1~2 篇的潜入式导读方式，如在导读王一梅的短篇童话集《奔跑的圆》时，选取了《书本里的蚂蚁》和《兔子的胡萝卜》，通过大声读、讲述、设置悬念等方式，激发学生自主阅读的兴趣，在倾听、猜测、思辨、续编中，初步感知王一梅童话想象力的神奇，感悟童话所传达的爱和温暖。

也可以选择 2~3 篇同质（有或强或弱关联）或异质（不同类型或特质，互为补充）的文本，选取精彩片段，采用并列式推进的方式，进行导读推介，在导读《安徒生童话》时，选取《拇指姑娘》和《海的女儿》中的精彩片段，教师通过声情并茂的朗读，让学生感受安徒生童话的意境美、语言美，同时，在讲述中呈现情节图，潜移默化中教给学生梳理故事脉络的方法。

2. 中长篇童话作品导读

对于一些章节可以独立成篇的中长篇童话，也可以用精读一章的潜入式导读方式，如特级教师周益民的经典课例《逆风的蝶》。《逆风的蝶》是金波长篇童话《乌丢丢的奇遇》的第八章。这本书讲述了乌丢丢在吟痴老诗人的陪同下寻找珍儿和布袋爷爷的过程。第八章主要写乌丢丢遇到蝴蝶的刻骨铭心的经历。去年的今天，一棵蔷薇为蝴蝶挡雨，保护了蝴蝶的生命。他们相约今天相会。狂风猛烈，卷走了蝴蝶，但他的灵魂也要去寻找蔷薇。

《逆风的蝶》教学流程
周益民

一、师生谈话导入
二、勾勒故事情节——简单讲述蝴蝶的故事
三、感受蝴蝶的心声——信念坚定
四、冥想约定的幸福——忠贞不渝
  （1）蝴蝶和狂风，到底谁更强大？
  （2）一想起这个美丽的约定，蝴蝶心中就_____。
  （3）一路上，蝴蝶孤单吗？他还遇见了谁？
  （4）蝴蝶和蔷薇，他们谁更幸福？
五、追寻美好的意象——联结《去年的树》

中长篇童话作品，可以选取 3~5 个精彩片段，通过教师范读、指名读、分角色读、自由读、开火车读等多种形式朗读，以讲述过渡，串联整本书内容。适时猜测情节，设置悬念，引发阅读期待。或将人物、环境、情绪等前后勾连比较，激起疑惑。也可以在矛盾冲突点、价值取向不同点，抛出"小话题"，引发思辨，激发孩子自主阅读的兴趣。笔者在 2007 年第一期儿童阅读种子教师研习营上执教王一梅童话《鼹鼠的月亮河》导读课时，就是通过朗读精彩片段加讲述的方式，让孩子们走进童话情境，了解鼹鼠米加的特别，领略梦想的可贵和友情的力量，课堂在精彩处戛然而止，充分调动了学生自主阅读的兴趣。

> **《鼹鼠的月亮河》导读课教学设计**
>
> 吉忠兰
>
> 一、谈话导入，营造氛围
>
> 二、走近米加，感受孤独
>
> 　　范读"特别的米加"片段，从长相、习惯、爱好等角度感受米加的与众不同，体会他的孤独。
>
> 三、夜晚相遇，感受友情
>
> 　　配乐读"米加和尼里夜晚初遇"片段，感受孤独的米加和孤独的尼里之间友情的美好。
>
> 四、流浪远方，感受变化
>
> 　　指名读"米加表演魔术"片段，体会米加成为大明星的辉煌。
>
> 　　指名读"米加给尼里的信"片段，感受米加对发明洗衣机这一梦想的执着。
>
> 　　朗读"铁嘴老鹰变小鸡后却不愿做回老鹰"片段，思考"做谁不重要，关键是你想做什么事情"。
>
> 五、阅读推介，拓展延伸

导读的方式不拘一格，以调动学生自主阅读的积极性、渗透阅读方法为目的。条条道路通罗马，总有适合的方式把一本好的童话书带到孩子们面前。

三、童话交流课的教学范式

童话交流课的一般教学范式分为以下四步。

1. 简要导入

在教材中单篇童话第二课时教学以及童话整本书交流课上，学生已经对文本非常熟悉，一般不需要营造神秘感，可以直接切入课题。若是公开教学，可以用与文本相关的话题热身，活跃气氛，也为后面的话题交流做铺垫。还可以根据文本特点，语言渲染，营造童话意境导入。上文提到的课例《逆风的蝶》，周益民老师采用师生谈话的方式，由世界上最高的山等问题过渡到对世界上最黏的胶水的认识交流，由作家陈丹燕作品中所说的"感情是世界上最黏的胶水"引出文本。

2. 整体感知，梳理情节

通过梳理情节的方式整体感知童话内容，在课堂上用时不宜过多，这里的概括和课堂结束前创造性地复述故事不同，要尽可能简洁，三言两语厘清主要内容即可。但实际教学中，往往因为学生对文本的熟悉度不够，或者方法欠缺导致费时太多。因此，从低年级开始，无论是单篇童话教学，还是整本书童话教学，都要引导孩子借助"支架"，练习梳理童话情节、概括故事内容。梳理、概括的方法很多：

（1）借助关键词。如格林童话《猫和老鼠做朋友》，便可以抓住"去了皮""去了一半""一扫光"，概括主要内容。

（2）借助插图。如《小壁虎借尾巴》。

（3）补充、串联目录。这种方法在阅读中长篇童话时使用最适宜，学生自主阅读时，可以将时间、地点、人物、事情等关键信息记录在目录上，以便看完之后回顾。有的作品，虽然分了章节，却没有提炼目录，学生可以尝试自己概括，比如《木偶奇遇记》《宝葫芦的秘密》，把重要章节的内容串联起来，就是整本书的主要内容了。

《宝葫芦的秘密》目录设计

第一章　想要一个宝葫芦	第十五章　《科学画报》	第二十九章　不自由
第二章　和同学闹矛盾	第十六章　谎言的代价	第三十章　自行车
第三章　宝葫芦出场	第十七章　吃"马"	第三十一章　实在与幻影
第四章　扔宝葫芦	第十八章　特殊幸福	第三十二章　考试
第五章　实现愿望	第十九章　两条路	第三十三章　混乱
第六章　心想事成	第二十章　一号人物	第三十四章　拿来
第七章　想要一座教学楼	第二十一章　分不清真假	第三十五章　再次扔宝葫芦

续　表

第八章　怕暴露	第二十二章　张冠李戴	第三十六章　丢不掉的宝葫芦
第九章　要为自己谋幸福	第二十三章　虚幻的世界	第三十七章　奖章
第十章　去郑小登家	第二十四章　躲	第三十八章　又遇杨拴儿
第十一章　关于"金鱼"的辩论	第二十五章　无聊	第三十九章　公开
第十二章　鱼缸	第二十六章　"挺好的本领"	第四十章　梦醒
第十三章　和金鱼辩论	第二十七章　"如意手"	第四十一章　只是一个梦
第十四章　定不下心	第二十八章　杨拴儿	

（4）围绕主要人物罗列事情。"谁干什么？"加"谁干什么？"或者追问"主人公遇见了谁，发生了什么？"如安徒生的《拇指姑娘》，拇指姑娘住在一个光得发亮的漂亮胡桃壳里，癞蛤蟆抓走了她，把她放在一片睡莲叶子上，想给他的丑儿子当妻子。一群小鱼救了拇指姑娘，白蝴蝶带着她漂流，可她又被金龟子劫持，放在一朵雏菊上，女金龟子们嘲笑她，觉得她长得太丑了。善良的田鼠收留了无家可归的拇指姑娘，却让她嫁给鼹鼠。拇指姑娘不喜欢鼹鼠，一只燕子把她带到了温暖的国度，遇见了花的安琪儿。

（5）借助思维导图。如《蜘蛛开店》。

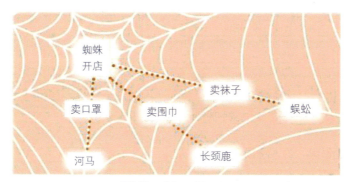

《蜘蛛开店》思维导图

此外，还有梳理起因、经过、结果，列小标题等方法，也可以引导学生找到自己喜欢的，甚至独创的图文并茂的方法梳理童话情节，为仿写、续编等言语实践活动提供有力支撑。

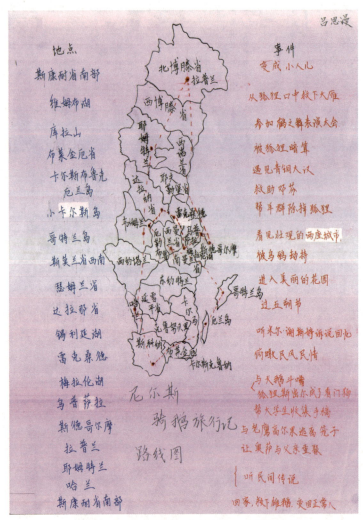

吕思漫 《骑鹅旅行记》旅行路线＋事情发展图

3. 话题讨论，深入精读

深入精读是童话课堂教学的重点环节。往往以牵一发动全身的主话题切入，带动讨论全篇或全书。

（1）教材内单篇精读。

精读环节的话题设计是最难的，需要反复阅读文本，找到有张力的话题，这考验着教师文本解读的能力。教材内的单篇童话教学，可以结合单元页语文要素和语文园地交流平台的学习提示，如四年级下册第八单元，"感受童话的奇妙，体会人物真善美的形象"，准确把握童话教学内容，设计话题。也可以直接参照课后习题中独具匠心的问题设计。比如：

《树和喜鹊》　想一想树和喜鹊后来为什么很快乐。

《小壁虎借尾巴》　说说小壁虎都找谁借过尾巴，结果怎么样。

《小猴子下山》　小猴子看到了什么，做了什么，最后为什么只好空着手回家去。

《巨人的花园》　说说巨人的花园发生了哪些变化，巨人又有什么转变。

江苏省海安市曲塘小学教育集团陈爱红副校长在执教《卖火柴的小女孩》一课时，重点带领孩子们品读、感悟童话想象的魅力。难能可贵的是，教者在交流中，还引导学生关注了童话的幻想逻辑。

《卖火柴的小女孩》第二课时教学设计

陈爱红

一、开门见山，导入课题

二、回顾童话，整体感知

故事主要讲了一件什么事？

三、话题交流，深入精读

1. 研读1—4自然段，这是一个怎样的小女孩？

（1）聚焦外貌，感悟"可怜"。

（2）勾连结局，引发冲突。

是什么让这个穷苦的小女孩露出了幸福的微笑？

2. 研读5—9自然段，小女孩真的得到幸福了吗？她是怎样得到幸福的？

（1）梳理五次擦火柴，五次不同的想象和体验。

擦燃火柴的次数	小女孩好像看到了	小女孩的愿望
第一次	大火炉	得到温暖

（2）细品小女孩的"幸福"感悟。

①找一找：找出小女孩五次擦燃火柴的句子。

②议一议：哪些句子给你留下了深刻的印象？

③比一比：去掉想象的语段，朗读比较，感悟想象的魅力。

④想一想：这五次擦火柴出现的情景可以变换顺序吗？

小结：从不敢到敢，从一根到一大把，从最直接的温暖、食物到跟奶奶在一起的幸福，感情一次比一次更强烈。因为有了奇异的想象，我们跟着小女孩感受到火炉的温暖，烤鹅的喷香，圣诞树的美丽，奶奶的慈爱，我们也见证了小女孩享受了她从未享受过的幸福。这就是童话的魅力。也因为有了这幸福的幻境，小女孩才会面带微笑离去，也才让这个悲惨的故事有了一点温情。安徒生不能改变现实，但他用一支神奇的笔，创造了一个世界，一个人们渴望得到的美好世界。

四、聚焦作者，推介阅读

板书设计

8.卖火柴的小女孩

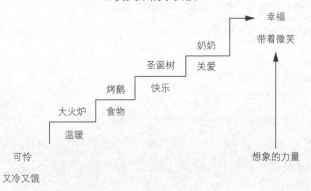

值得一提的是，教材内的童话教学还承担着识字、写字的任务，在第一课时集中识字的基础上，有个别生字，尤其是涉及文章重点部分的字，可以放在第二课时分散识字，这些生字往往与感悟童话形象、领悟童话主题等教学目标密切相关。学习生字的过程，也有助于教学目标的达成，但要安排得恰到好处，不能频繁打乱交流的节奏。

（2）课外单篇精读。

相比教材内单篇精读，课外单篇的教学更开放和多元。最经典的课例是中国台湾林枚伶老师组织的六年级《白雪公主》读书会和美国的阅读课《灰姑娘》。

《白雪公主》读书会流程

中国台湾　林枚伶

1. 班级学生表演《白雪公主》，无服装，道具简单。
2. 梳理童话角色，贴出人物名板。
3. 填写学习单，选择人物评语，评语可以重复。
4. 交流对人物性格的认识（以下为教师的部分追问）。

（1）白雪公主和后母这两个女人有什么共同的特质？想想白雪公主缺了什么？

（2）为什么刚才没有人演国王？为什么国王不重要，国王不是很重要吗？各位男生，你们要怎么娶老婆？我们要怎样的爸爸？

（3）假如是你躺在那儿，遇到王子的概率大不大？如果有一天你遇到挫折，躺在那儿等人来行吗？

《灰姑娘》阅读课流程
美国 佚名

1. 指名讲故事。
2. 话题讨论。

（1）你们喜欢故事里面的哪一个？不喜欢哪一个？为什么？

（2）如果在午夜12点的时候，辛黛瑞拉没有来得及跳上她的南瓜马车，你们想一想，可能会出现什么情况？

（3）如果你是辛黛瑞拉的后妈，你会不会阻止辛黛瑞拉去参加王子的舞会？你们一定要诚实哟！（……我们看到的后妈好像都是不好的人，她们只是对别人不够好，可是她们对自己的孩子却很好，你们明白了吗？她们不是坏人，只是她们还不能够像爱自己的孩子一样去爱其他的孩子。）

（4）辛黛瑞拉的后妈不让她去参加王子的舞会，甚至把门锁起来，她为什么能够去，而且成为舞会上最美丽的姑娘呢？

追问：想一想，如果辛黛瑞拉没有得到仙女的帮助，她是不可能去参加舞会的，是不是？如果狗、老鼠都不愿意帮助她，她可能在最后的时刻成功地跑回家吗？（……虽然辛黛瑞拉有仙女帮助她，但是，光有仙女的帮助还不够。所以，孩子们，无论走到哪里，我们都是需要朋友的。……）

（5）如果辛黛瑞拉因为后妈不乐意她参加舞会就放弃了机会，她可能成为王子的新娘吗？如果辛黛瑞拉不想参加舞会，就是她的后妈没有阻止，甚至支持她去，也是没有用的，是谁决定她要去参加王子的舞会？

追问：如果你们当中有人觉得没有人爱，或者像辛黛瑞拉一样有一个不爱她的后妈，你们要怎么样？没有人可以阻止辛黛瑞拉参加王子的舞会，没有人可以阻止辛黛瑞拉当上王后，除了她自己。对不对？

（6）最后一个问题，这个故事有什么不合理的地方？

对比中国台湾版《白雪公主》和美国版《灰姑娘》，我们不难发现，这两节读书会与我们传统的童话交流课有相通之处，都在课堂开始整体回顾故事内容，都是以话题推进，展开交流。但是，这两节课的讨论更聚焦，都侧重对童话形象的体悟，答案也更多元，更具开放性。讨论氛围更和谐宽松，话题设计虽然看上去很大众化，甚至比较简单，但是，教师的理答，尤其是追问能力非常出彩。交流更突显经典童话的现代解读。这一点，跟我们传统的童话教学有着天壤之别，带给我们很多启示，当然，也引发很多的思考：需不需要关注言语形式？课堂氛围要不要契合童话文本的文学气息？

通过对这些经典课例的借鉴和反思，加上不断阅读精进，不断学习拓展，但愿我们对童话文本有自己独特的见解，有足够开放、宽广的视野，让童话交流课更多元，更丰富，更有趣味，更具深度和广度。

（3）短篇童话集精读。

短篇童话集教学，需要找到几篇童话的共通点切入。比如《青蛙和蟾蜍》，这本书是冰糖葫芦式结构，《明天》《风筝》《颤抖的滋味》《帽子》《单独一人》这五个故事单独成篇，同时也是一个有机的整体。整本书交流课，可以侧重最有趣和最感人的场景，结合具体片段感悟青蛙和蟾蜍的形象，体会他们的友情，重点片段如下：

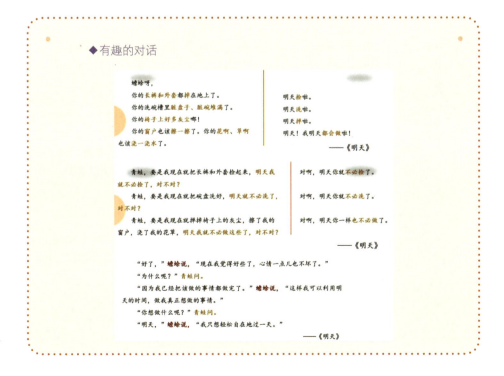

通过对这几段对话的朗读、对比，体会青蛙从拖拉到勤快的转变，感受蟾蜍循循善诱、苦口婆心的形象，以及他们的友情和单纯的快乐。

当然，这里的反复手法，动词的准确运用，也可以在朗读中自然而然地体会。

◆有趣的动作

蟾蜍跑过草地，他把风筝举在头顶上，挥来挥去。他上上下下地跳着。他大声地喊叫："风筝风筝往上飞。"风筝果然飞到空中去了。它越飞越高，越飞越高。

蟾蜍又跑回草地上，他把风筝举在头顶上挥来挥去。他上上下下地跳着。风筝升空了，却又"啪啦"一下栽到草地里。

蟾蜍跑回草地上，把风筝举在头顶上挥来挥去。风筝升空了，却"砰"的一声落到地上。

蟾蜍拿着风筝跑过草地，用他的小短腿尽快地跑。风筝升空了，却一下子落到地上。

——《风筝》

从下往上朗读这几段文字，引导孩子发现童话反复的表现手法，以及反复中语言的变化，动词运用的准确、精妙，体会语言的节奏感、画面感，蟾蜍的笨拙可爱、执着不放弃。

◆感人的场景

蟾蜍从窗户往屋里看看，又到园子里看看，都没有看见青蛙。

蟾蜍到树林里去找，青蛙不在那儿；他到草地去找，青蛙不在那儿；他到河边去找，看见青蛙一个人坐在河里一个小岛上呢。

青蛙说："我本来就快乐啊，而且我是非常的快乐啊！今天早晨我一睡醒，就感到好快乐。我快乐是因为我是一只青蛙。我快乐是因为我有你这个朋友。我要单独一个人静一静，是要想一想这一切是多么的美好。"

——《单独一人》

从蟾蜍的动作和青蛙的语言中，感受他们对彼此的牵挂和肯定，感受他们深厚动人的友情。

◆温暖的结局

青蛙和蟾蜍一起坐着，看着他们的风筝飞，它一路飞往天空的顶端。

——《风筝》

青蛙和蟾蜍紧挨着坐在壁炉旁边。他们好害怕。手里的茶杯抖个不停。他们一同尝到了颤抖的滋味。那种感觉很好，很温暖。

——《颤抖的滋味》

青蛙和蟾蜍去散步，蟾蜍没有被石头绊倒。他没有被石头绊倒。他没有撞到树，也没有掉进洞里。这一天成了蟾蜍生日过后非常愉快的一天。

——《帽子》

那天整个下午，青蛙和蟾蜍就待在小岛上。他们没有冰红茶，只吃那泡湿了的三明治。他们是两个亲密的朋友，在那里"单独"坐着。

——《单独一人》

把几篇童话的结局放在一起朗读，感受童话结尾的温暖、快乐、幸福。

江苏省如皋市石庄小学黄志锋老师执教的《安徒生童话》一课，角度新颖，他从带领学生经由对童话情节的梳理，自然而然地抵达童话主题，探讨了"磨难"与"幸福"的关系，让学生懂得苦难面前坚持理想，用勇气和坚强获得幸福的道理，培养学生正确的人生观。这也是培养中年级孩子审辩式思维的有效途径之一。

磨难与幸福
——《安徒生童话》整本书交流课
黄志锋

一、创设情境，激趣导入

1. 了解安徒生。

2. 检查阅读情况。

3. 出示《卖火柴的小女孩》《丑小鸭》《枞树》中关于"幸福"的片段。

4. 浏览目录，书中还有哪些故事的结局是幸福的？

二、经历磨难，抵达幸福

活动一：品读亚麻的磨难与幸福。

1. 默读《亚麻》，想一想，亚麻的一生中先后经历了哪些磨难，把关键的词句用"＿＿＿＿＿＿"画下来。

2. 对待每一次磨难，亚麻是怎么想的呢？你从中体会到了什么？

活动二：感悟丑小鸭的磨难与幸福。

1. 丑小鸭遇到了哪些磨难？小组讨论，并用简洁的语言进行概括。

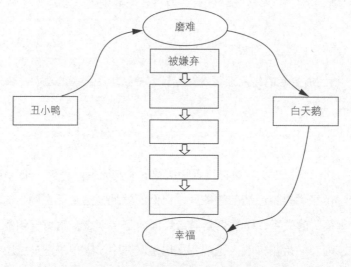

2. 组内写字最快最好的同学负责记录。

三、引发思辨，联结自我

1. 亚麻的一生究竟是痛苦的，还是幸福的？

2. 如果丑小鸭没有离开养鸭场，他会成为白天鹅吗？养鸭场里的白天鹅，和广阔世界里的白天鹅有什么不一样？

3. 丑小鸭的成长经历，正像我们每个人的人生一样，在追求梦想的路上也会遇到困难和挫折，那时候，你也许会想到这只丑小鸭，你也许会在心里默默地说这样的话（从中选择一处说说）：

当我遇到困难时，我会对自己说："_____"

当我遭到嘲笑时，我会对自己说："_____"

当我想要放弃时，我会对自己说："_____"

四、结合生平，推介阅读

1. 结合安徒生的一生介绍，你还认为他是一只丑小鸭吗？

2. 推介阅读安徒生的其他童话。

再如，《吹牛大王历险记》这本书想象无与伦比，主人公敏豪生吹牛的级别简直达到了登峰造极之境，无中生有的本领令人拍案叫绝。读后交流可以围绕"吹牛"和"历险"两个关键词展开。给主人公敏豪生的历险故事分类：打猎、战争、海上历险、周游世界。让孩子们自主选出吹牛指数最高的几篇细读品味，通过对比，巧妙发现写作的奥秘，带着孩子们展开想象，续编历险故事……

（4）童话整本书精读。

童话整本书精读环节的话题设计更是难上加难。不过，童话作为叙事性作品，有一个基本的提问"套路"，那就是：主人公遇见了谁？发生了什么事？自身有了怎样的变化？借由这个基本问题，再根据文本的特点，加以变通，一定能找到适合讨论的话题。这个环节可以带领孩子们把握童话形象、感悟童话主题、品味童话语言、感受童话意境、学习表达方法等。但在一节课内，只能侧重其中一两点，而且这几点不是割裂开来，而是交织在一起讨论，整体推进的。要时时引导孩子回到文本，结合具体片段细读品味，咀嚼涵泳。

汤汤的作品《水妖喀喀莎》讨论话题可设计为：从离开噗噜噜湖，再回到噗噜噜湖，水妖喀喀莎的身心（外在和内在）发生了怎样的变化？她经历的哪些事情给你留下了深刻印象？她是一个怎样的水妖？这里聚焦的是童话情节和童话形象。这样的话题设计，课堂容易收得住，适用于新手上路。在讨论推进中，涉及童话的想象、主题以及特色，水到渠成。喀喀莎的外在变化：从水妖，到蓝婆，再到水妖，甚至变成鱼游进土豆肚子里，最后变成水珠，这样不断变形就是童话神奇想象的一个重要体现。喀喀莎从胆小爱哭，到勇敢、有主见，克服孤独，忍受丑陋和误解，坚守信念，无私忘我地拯救噗噜噜湖的内在转变，淋漓尽致地彰显了伟大的美丽和悲怆的崇高（周益民语）。

大开大合的话题设计是：这本书中哪些场景写得最神奇？看似聚焦童话奇崛的想象，实际上在散点交流中梳理了情节、感悟了形象、触及了主题和特色……实现了真正的"聊书"，但是，这对教师是极大的挑战，需要对文本非常熟悉，且有极强的驾驭和调控课堂的能力。无论学生如何表达，都能收放自如、游刃有余。

余惠斌老师设计的《爱丽丝漫游奇境》交流课板块清晰，重点部分围绕童话的奇异想象，聚焦"改变"，水到渠成地撬动了"成长"主题。

《爱丽丝漫游奇境》整本书交流课设计
余惠斌

一、回顾奇境历险经历
1. 展示故事地图，说一说设计思路。
2. 比较异同，评选最佳设计。

二、分享奇境之异
1. 出示评价，说说理由。
2. 品评片段，感受奇异。

三、聚焦"改变",感受成长之味

1. 从外形变化中悟成长。
2. 从变化中的表现悟成长。
3. 从文本细节处悟成长。

四、总结迁移,引发后续阅读热情

1. 总结:变化中悟成长。
2. 迁移:这本书的妙处在语言。继续阅读,聚焦语言,感悟奇妙。

从以上两个案例不难看出,童话整本书的交流课话题设计存在共通之处,那就是紧扣"变化"。聊变化,既是聊人物形象,又勾连了具体情节,还自然而然地延伸到主题的探讨。掌握了这一核心,面对一个新文本,设计起来难度也不会太大。

4. 课后拓展

(1)延伸活动:创造性地讲故事、复述、仿写、改写、表演童话剧等。深圳周美英老师让学生选择《柳林风声》中喜欢的片段,为动画片配音。江苏省如东县宾山小学张小琴老师别出心裁,指导学生制作《"歪脑袋"木头桩》的手指偶,并合作表演。

江苏省如东县宾山小学二(1)班　周曼琪　《"歪脑袋"木头桩》手指偶

读完《鼹鼠的月亮河》，江苏省海安市倪庄小学二年级的孩子们续编、改写或扩写的故事：

米太太又生小鼹鼠了
王　洁

一天，米太太正在洗衣服，但总觉得肚子有点不舒服，就告诉了米先生。米先生很爱米太太，就把米太太带进了城里，去看医生。医生告诉他们，米太太要生孩子了。米先生和米太太听了很开心。不久，米太太果然生了一个胖乎乎的小鼹鼠，他有着棕色发亮的毛。米加知道后，整天在家里陪伴着小弟弟。有一天，米加想起了他的朋友尼里，于是，就带着弟弟到月亮河边去看尼里。当他们来到河边时，看见尼里正跟在米加发明的洗衣机后面跑，小弟弟觉得很好玩，也跟着追了上去。

玩具树
周　睿

新年到来时，外面放着鞭炮，米加和咕哩咕一起出去玩，他们的心情很好。

"我们去找尼里吧！我们买个好玩的玩具给她当礼物吧。"米加边走边说。

路上听说有什么"玩具树"卖，米加一下子买了好几棵。到了尼里家，米加大声说："尼里，有礼物送给你。"尼里听了，赶忙跑出来看，咕哩咕悄悄念了一串魔法口诀。

"你们好！"尼里说，"什么礼物？"

"是玩具树。"米加摘了一个玩具，没想到那个布猴子居然活了，尼里也摘了一个玩具，哈哈，她的玩具也活了。

他们一起说："真好玩啊！"咕哩咕偷偷地乐了。

乌鸦坡的守护员
杨周鑫

过了一百天，铁嘴老鹰恢复了原形，因为乌鸦妈妈的精心照顾，他的心灵变得善良了，他当了乌鸦坡的守护员。

一天，打败铁嘴老鹰的那只老虎来袭击乌鸦坡。

当时，米加正在想念黑炭和红辣椒，月亮石上出现了铁嘴老鹰和老虎正在搏斗的场面。米加赶紧去找咕哩咕，请求他去帮助铁嘴，咕哩咕急忙念魔法口诀："咕哩吗唏，嗦啰哆……"口诀刚念完，咕哩咕就消失了……

咕哩咕来到乌鸦坡，把老虎变成了小猫，他让乌鸦们欺负小猫，小猫疼得很，他一想："我欺负大家也是这样痛苦的。"他也变得善良了，从此，乌鸦坡有了两个守护员。

相　遇
夏燕京

一个天朗气爽的日子，红辣椒和黑炭想去月亮河看看米加和尼里，于是他们便出发了。

米加和尼里也想去看望乌鸦坡的红辣椒和黑炭，于是，他们也出发了。

到了半路上，红辣椒和黑炭遇到了米加和尼里。

尼里摸了摸红辣椒和黑炭的孩子的头，说："好可爱哦！"

红辣椒摸了摸米加和尼里的孩子的头，说："好可爱哦！"

童话剧《太阳和蜉蝣》剧照——浙江武义汤汤童话书屋

童话剧《木偶的森林》剧照——苏州市歌舞剧院

童话剧《秋天的故事》剧照——湖南省长沙市芙蓉区育才小学二年级

（2）群书推介：推介同一作家，或不同作家相同主题的作品等。如：交流完《"歪脑袋"木头桩》，推介阅读严文井的其他童话作品，或者二年级上册"快乐读书吧"中金近、冰波、孙幼军、陈伯吹的童话。

·第三节· 童话的教学变式·

一、同一本书序列阅读课设计

童话作品看似清浅，实则蕴含丰富，并不是一两节课就可以讨论完的。有些书，需要设计多节交流课，才能讨论透彻。深圳南山实验教育集团南头小学周美英设计的《柳林风声：一本可以用来做自我介绍的书》足足写了22页文档，设计了六个阅读活动和五个交流话题。

《柳林风声》阅读活动设计

周美英

活动一：整理我的目录

认真阅读目录，同类的目录用不同的色彩划分出来，并交流划分依据。

活动二：绘制故事简图

《柳林风声》分别以鼹鼠、蟾蜍和河鼠为中心展开叙述，是一个典型的多线型情节组成的故事。教学中，学生自主选择以其中一个人物为中心，组内合作，用思维导图梳理出该人物的故事简图。

活动三：制作人物形象图

在动物角色的头像旁边，画与这些动物有关的物品，并写上评价语。比如蟾蜍旁边可以画汽车、马车等，写上喜新厌旧、热爱冒险、天性善良等评价语。

活动四：用《柳林风声》中的角色做自我介绍

1. 我是书中的某个角色。

以书中人物做自我介绍：你是书中的谁？为什么？

谁是你生命中的鼹鼠／河鼠／獾／蟾蜍／白鼬（黄鼠狼），为什么？

2. 我是书中的多个角色。

我有时像……因为……

我有时像……因为……

我有时像……因为……

我有时像……因为……

活动五：梳理成长

1.《柳林风声》中的三种成长模式。

鼹鼠："引导型"成长模式。

河鼠："中规中矩型"成长模式。

蟾蜍："浪子回头型"成长模式。

2. 成长线，以及成长中的引导者、帮助者、阻碍者。

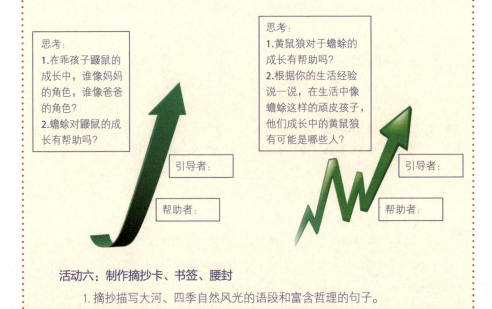

思考：
1.在乖孩子鼹鼠的成长中，谁像妈妈的角色，谁像爸爸的角色？
2.蟾蜍对鼹鼠的成长有帮助吗？

引导者：

帮助者：

思考：
1.黄鼠狼对于蟾蜍的成长有帮助吗？
2.根据你的生活经验说一说，在生活中像蟾蜍这样的顽皮孩子，他们成长中的黄鼠狼有可能是哪些人？

引导者：

帮助者：

活动六：制作摘抄卡、书签、腰封

1. 摘抄描写大河、四季自然风光的语段和富含哲理的句子。

2. 制作书签和腰封。

研读交流

话题 1：居然没有

　　河鼠居然没有去南方！鼹鼠居然没有重返家园！蟾蜍居然没有再次冒险！你能分析分析原因吗？

话题 2：礼仪

　　作者反复描写规矩和礼仪，是想告诉我们什么呢？

话题 3：英雄

　　现在是 2022 年，书中哪个人物（鼠、鼹鼠、蟾蜍、獾、黄鼠狼）会是"当代英雄"？

话题 4：召唤

　　从书中哪些地方出现了召唤，请找出来。这些地方分别写的是谁召唤谁？被召唤者的反应是怎么样的？（所有的召唤可以分成两类：外界的召唤和家的召唤）

话题 5：散文化语言

　　这本书中有很多散文化的语言，有人说这种散文化的语言拖慢了故事的节奏，影响阅读的快感，建议删掉。你是否同意把散文化的语言删掉呢？

　　如果仔细研究周美英老师设计的阅读活动和话题，其实，还是紧紧围绕着把握童话形象、感悟童话主题、品味童话语言、感受童话意境、学习表达方法、联结自我以及当下等角度。所谓万变不离其宗。

　　2019 年，《语文教学通讯》第 9、10 两期，刊发了清华附中清澜山学校王君老师执教的两节《小王子》教学实录。在此呈现这两节课的教学流程：

因为爱情
——《小王子》整本书阅读之主题型课堂

王　君

1. 名言导入，揭示话题——小王子们的初恋危急。
2. 初级挑战：朗读再现——小王子和玫瑰之间的感情经历。
3. 中级挑战：发现秘密——诊断小王子和玫瑰之间的爱情问题。
4. 高级挑战：联结思辨——提出建议。
5. 总结拓展，比较电影结尾。

信、达、雅是高标
——《小王子》整本书阅读之语用型课堂

王　君

1. 直接导入——聊聊语言。
2. 初级挑战——火眼金睛辨高下（五个句子，两个版本的比较阅读）。
翻译的境界：信（准确）、达（流畅）、雅（优美）。
3. 中极挑战——英文译汉小擂台（尝试翻译）。
4. 总结，介绍"张璐"。

针对《小王子》，王老师开设了多节交流课，他的学识以及初中生的接受能力决定了他的童话教学内容和方法。这两节课，打开了我们的眼界，为小学一线教师，尤其是高年级教师突破固化思维，引导学生开展整本书阅读，进行深度学习，突显立德树人目标提供了非常好的借鉴。

二、童话群书阅读

1. 同一作家的童话群书阅读

每一个童话作家的创作风格都有比较显著的特点,也有明显的风格转变。带领孩子阅读同一作家的多部作品,能够浸润式地把握作家的写作风格。比如,安徒生童话、王尔德的童话有着各自的特点,安徒生童话在不同时期有着明显的不同,叶圣陶童话创作风格的转变也非常明显,这些都可以在同一作家的群书阅读比较中感性体会。

2. 不同作家的童话群书对比

阅读不同作家的作品,立足某一点或者几点,进行比较阅读,引导儿童发现异同,逐步培养比较阅读的能力。童话群书阅读的教学点,可以从主题、人物、情节、写作背景、艺术特点、语言风格等方面切入。这比较适合高年段具有一定阅读素养的学生,如果有协助讨论的家长和老师一起参与进来,效果会更好。这对师生的阅读积累和能力,都是不小的考验。

童话教学是一门学问,更是一种艺术,是一种积极的心理指导,与世界观、人生观、价值观息息相关。这需要教师不断重读经典童话,不断学习各种理论知识,博采众长,在一般教学范式的基础上,在自己能力范围之内,研究出适合文本、适合本班学生的教学思路,并在课堂中不断实践、反思、再实践、再反思。

总之,教师在童话教学中,要善于把握童话的基本特点,精选教学内容,聚焦教学要点,合理制定教学目标,并通过有效的教学方法,教给孩子阅读策略,一步步抵达文本核心,从而将文本价值最大化,有效提升孩子的语文素养,发挥培根铸魂、启智增智的作用,从而抵达文学育人的彼岸。

第六章
童话的教学案例

·第一节· 微童话教学·

> 《微童话　大世界》
> 课堂实录

·设计理念·

微童话是网络时代诞生的新童话文本，它篇幅短小，构思精妙，快速、简洁、形象地传递作者对自然、社会、人类的认识和理解。又因其如诗一般凝练的语言，使读者在阅读之后更可获得思考、回味和想象的空间。微童话虽然体"微"，但具有童话的"五脏"。微童话的语言规范，饱含文学美感和儿童趣味，适于朗读和讲述；微童话里的"主人公"贴近儿童，形象生动，适于儿童边听边展开想象，根据人物与故事情节，迅速学会它的构成；微童话充溢夸张、发散的形象思维特征，给儿童提供多角度的思维模式，可有效推进小学低中段学生的思考和作文能力。教师带领孩子通过各种方式品读微童话，领悟文本的奥妙，学习从生活和自然中获得灵感、汲取素材，进行大胆、奇特、绝妙的想象，尝试口头或书面创作微童话，表达对生活、生命、情感等的思考和认识。

·适合年级·

二、三年级。

·教学目标·

（1）通过多种形式的品读，初步了解"微童话"。
（2）感受微童话取材于自然和生活，体悟微童话充满趣味、哲思和想象力，蕴含真实的情感。
（3）调动学生自主阅读微童话的积极性，激发创作欲望。

·教学过程·

（课前热身）

师：同学们，我们先来玩一个生字开花的游戏。（板书：微）你们能为"微"找几个朋友吗？

生：微风、微笑、微小、微信、微博、微作文……（相继理解个别词语的意思）

一、导入新课，介绍文体

师：这节课，我们一起走进"微童话"的世界。（板书：童话）"微童话"篇幅短小，一般在140字以内，是依靠"微博"传播的一种儿童文学新文体。

二、阅读感悟，总结提升

1. 猜读《雨点》

师：这节课，我们来读几首雪野老师的微童话。第一首《雨点》，看到"雨点"这两个字时，你仿佛看到了什么？听到了什么？

生：我仿佛看见从天上落下了很多粒大大的雨点。

师：雨下得很大，请你来读。（生读题目）

生：我听到雨点落在伞上滴滴答答的声音。

师：你听到了雨点的歌声。雨点们在干什么呢？我朗读，你倾听，边听边想象画面。"雨点们，从高高的云朵跳台上表演跳水……"把下雨这么平常的事情说成是雨点跳水，你们想到过吗？

（生微笑着摇头）

师：这样的想象不一般。童话，要想别人所不能想。如果是你，接下去，你会怎么写？

生：像流星似的洒向人间。

师：第一朵诗花盛开了。你还会怎么想呢？

生：有的表演直线跳，有的表演前倾跳，还有的表演旋转跳。

师：这是花样跳水。

生：雨点像根羽毛一样，风一吹，慢悠悠地飘向人间。

师：这一定是绵绵的春雨。

生：雨点落在荷叶上，滚来滚去。

师：他从云朵跳台上跳到了另一个跳台上，荷叶是他的蹦蹦床。

师：诗人是怎么写的呢？"扎进花蕊，扎进树丛……"一个"扎"字，给你怎样的感觉？

生：很轻巧。

生：很顽皮。

师：他还会扎进哪里呢？

生：扎进小鸟的羽毛里。

师：哇，让小鸟带着他飞翔。"扎进土坡，不见啦"，这是怎样的小雨点啊？

生：神奇的。

生：勇敢的。

生：调皮的。

师：谁来读一读，读出雨点的神奇、勇敢和调皮？

（个别读，女生齐读。）

师：让我们把视线向下移，来看看可爱的雨点到哪里去了。

生：嘿，山脚下又看见他们，排着队伍，唱着歌儿练长跑。

师：从这个"嘿"字，你读出了什么？

生：快乐！兴奋！惊喜！

师：一起读出这份快乐和惊喜的感觉。

（生朗读）

师：这一句，用上了一连串的——

生：动词。

师：读着读着，我们仿佛也跟着跑起来，唱起来了。不信，谁再来读一读？

（生朗读后，师出示以下文字。）

嘿，山脚下又看见他们，排着队伍，唱着歌儿练长跑。

——《雨点》

雨点落在小溪里，在小溪里散步。雨点落在江河里，在江河里奔跑。

——原苏教版语文第一册

师：比一比，这两部分，有什么相同的地方，又有什么不同的地方呢？

生：它们都用了拟人的手法。

生：上面的句子有长有短，下面的两句话，字数一样。

师：你发现了句子的整齐和参差，真了不起。

生：第一个句子用了一连串的动词。

生：第一个句子中，还写到了声音。

师：你们真会品读。请你把这两部分再读一读。（生朗读）再次转移目光，瞧："几滴雨点聚在窗玻璃上……"干什么呢？你们猜一猜作者会怎么写？比一比谁的想更奇妙。

生：玩滑梯。

生：滚弹珠。

师：不错不错，很有意思！（出示：画出一条蚯蚓，探头探脑游下来……）你觉得哪些词用得特别传神？

生：画出。

师：雨点不仅会跳水，还是一个画家啊！"探头探脑"是什么样子的？带给你什么感觉？

生：憨憨的，很可爱。

师：请你来读。（一个男生朗读）

师："还有这一群雨呢，喊着"——猜猜雨点在喊什么？（适当停连，给学生想象的空间）"亲亲你，亲亲你！"当雨点亲吻着你们的脸颊，会怎么样呢？

（生不好意思地笑）

师：（出示最后一句：呀，满头满脸都是他们的口水！）这样的想象，真是——太奇妙了。现在，我完整地读一遍《雨点》，你们闭着眼睛，在脑海里再次想象画面。

（师朗读，生倾听。）

雨　点
雪　野

雨点们，从高高的云朵跳台上表演跳水，扎进花蕊，扎进树丛，扎进土坡，不见啦。

嘿，山脚下又看见他们，排着队伍，唱着歌儿练长跑。

几滴雨点聚在窗玻璃上，画出一条蚯蚓，探头探脑游下来……

还有这一群雨呢，喊着："亲亲你，亲亲你！"呀，满头满脸都是他们的口水！

师：四段简短的文字，勾勒出了四幅不同的场景。说说你印象中最深刻的画面是什么？为什么？

生：我印象最深的画面是窗玻璃上，一条条蚯蚓探头探脑游下来，太好玩了。

生：（捂嘴笑）我印象最深的是雨点亲得我们满头满脸都是口水，想象真丰富。

师：原来微童话这样好玩。谁再来读一读，读出这种想象的神奇、有趣？

（生朗读）

师：重读这篇微童话，你们觉得，哪些是你可能想得到的，哪些是你想不到的？你见过下雨吗？这是一种自然现象。把大自然的现象原原本本地写出来，就是童话吗？（板书：自然即童话）

（生摇头）

师：肯定不是。这篇童话从自然现象中来，还要加上有趣的、与众不同的、奇妙的想象。（板书：奇妙 想象）

2. 品读《会写字的轮船》

（出示题目：会写字的轮船）

师：看到这个题目，你有没有什么疑问？

生：轮船会写字吗？

生：轮船会写什么字呢？

师：我长这么大，从来都没见过轮船写字。这个题目非常非常吸引人。谁来分角色朗读？（出示微童话，指名分角色朗读。）

会写字的轮船
雪　野

鲸鱼说船只会写"1"。

船想："我那么笨吗？"它写了一个"2"。

鲸鱼说："不错嘛。写个'3'怎么样？"

船写出大大的"3"。

"哇！厉害！8字可难写了。"

船说："不能再写了。你看，大家都晕倒了。我还是写'1'字吧。"

师：这篇微童话取材于日常生活中的现象，以鲸鱼和船的——对话展开。我们来读好鲸鱼和轮船的不同语气。我读叙述的话，请女生读鲸鱼的话，男生读轮船的话。

（师生合作，分角色朗读。）

师：从"我那么笨吗？"这句，你们读出了什么？

生：不服气。

师：轮船会写"8"字吗？它为什么不写呢？

生：再写乘客就要晕得吐出来了。

师：是啊，专心写好"1"字，让乘客舒服、顺利、平安地抵达目的地，这才是轮船的责任和担当。再读一读最后一句，体会船的责任、担当。（齐读）

师：原来，微童话不仅好玩，还蕴含着深刻的道理。从简单的现象中，看出深刻的哲理，这也是微童话的魅力所在。（板书：深刻 哲理）

3. 自读"熊爸熊妈和熊娃的故事"

自读要求：

（1）品读：选出自己最喜欢的一篇微童话，多读几遍。

（2）交流：说说自己喜欢的理由。

师：你最喜欢哪一篇？为什么？

生：我喜欢《蜜》，感觉很温馨，很甜蜜。

生：我也喜欢《蜜》，我感受到了熊爸对熊妈的爱。

生：我非常喜欢《数数》这一篇，我觉得很有意思。

师：第三天，熊爸会想什么呢？

生："1、2、3、4。"孩子们现在都睡着了吧？熊妈是不是还在忙碌着？她一定累坏了。

师：从你的想象中，我体会到了熊爸对亲人深深的牵挂，怪不得他总是睡不着。

生：我觉得《一起洗洗》很有意思，熊娃很勤劳，虽然他把衣服都洗花了，但是，爸爸妈妈一点儿也没怪他。

师：熊爸、熊妈非常宽容，这真是幸福、可爱的一家人。

生：《长长短短的头发》里的熊娃也很懂事。

师：我小时候，妈妈也经常帮我洗头。这些微童话都取材于日常生活。

生：我从《花香》中读出了熊娃对爷爷的想念。

师：把这组微童话联系起来读，你们发现了什么？

生：这些微童话里都写到了爱，熊爸对熊妈和熊娃的爱，熊娃对爷爷奶奶、妈妈的爱。

师：是啊，原来微童话里还包含着浓浓的爱意和深深的思念，这些情感都是真实的。（板书：真实　情感）读着这几篇微童话，是不是就像在读我们自己的生活，自己的故事！这个系列微童话又从哪里来？（板书：生活即童话）童话是真实的，它来源于生活。

三、认识作者，推介阅读

师：同学们，我们来认识一下这些微童话的作者雪野老师，他是一个大个子叔叔。（出示雪野图片）他是儿童文学作家、诗人、书法家，主要作品有儿童诗集《有礼貌的百足虫》《春天的滋味》，微童话集《会写字的轮船》《早安，晚安》等。谁来读一读雪野老师的这段话？（出示雪野的话，指名朗读。）

诗，可以是纯粹的美感。童话则需通过故事的形式，表达、传递作家对自然、人类、社会的认识和理解。不管通过唯美、幽默、哲思等表现方式，精神的引领是它必须具备的品质。微童话就像是孩童的小伙伴，陪着他寻找方向，寻找希望，寻找快乐。

师：这节课我们就聊到这里，有兴趣的同学，可以去读一读雪野老师的微童话集，也可以尝试写写微童话。

四、板书设计

雪野的微童话

想象　奇妙　自然即童话

哲思　深刻　童话是真实的

情感　真实　生活即童话

附:"熊爸、熊妈和熊娃的故事"微童话系列

蜜

熊妈让熊爸去买一罐蜜,中午做甜羹吃。

走过一个鞋店,平底靴子,外边印着小草和野花,穿着它走路,一定会像走在花园里。

旁边是间服装店,橱窗里挂着连衣裙,上边的桃花、梨花都开了。

隔壁是家帽子铺,拿起一顶,嘿,苹果都熟啦……

回到家,熊妈问:"蜜呢?"

熊爸举着手里的靴子、裙子和帽子:"闻闻,蜜在里边呢!"

数　数

熊爸第一次出远门,晚上睡不着。

"1、2。"两个宝贝,早上醒来就开始闹,一直要到晚上睡觉……

第二天晚上,熊爸又开始数数,"1、2、3。"弟弟牙齿嫩,只能吃青草。哥哥一顿可以吃21、22颗坚果!孩子妈最喜欢嫩枝条蘸糖浆。

第三天晚上……

出差回来,熊爸瘦了一圈,"睡不着时,妈妈教的数数的办法,不灵哦!"

一起洗洗

熊娃有一双雪一样白的袜子。脏了,自己洗。

妈妈的红外套一起洗洗吧。白袜子染成红袜子。

爸爸的黄大褂脏了,红袜子一起洗洗。红袜子变成了橙色。

妈妈的白衬衫、爸爸的蓝帽子和可爱的橙色袜子一起洗洗吧。

星期天,熊一家开心地出门了。妈妈的衬衫,爸爸的帽子,都爬着熊娃的小小的黑脚印。

长长短短的头发

熊娃怕热,又爱跳着玩,头发尖尖都是汗。

每天,熊妈都得给它洗发。

熊娃说:"妈妈,从现在开始,您给我洗一回,我就帮您洗一次。"

"妈妈头发长,娃的头发短。你亏啦。"

"妈妈头发长,我可以多洗一会儿,那才赚了呢。"

熊妈幸福地坐上小板凳,让熊娃披上围布,涂上发膏……

花 香

熊爸种在院子里的花开了,一朵、两朵、三朵。

熊娃远远站着:"好浓的花香。"

四天、五天、六天过去了,花还在枝头。

熊娃的鼻子贴上花朵:"香味越来越淡,我要把它装起来。爷爷奶奶要几天后才来。"

熊娃把塑料袋套在花朵上,再取下,扎紧袋口。

七袋、八袋、九袋。熊娃好想爷爷奶奶哦。

·第二节·短篇童话教学·

《小壁虎借尾巴》第二课时 教学设计

·作品解读·

《小壁虎借尾巴》多次入选小学语文教材,作者林颂英,1930年3月生于上海，著名童话作家。

　　这是一篇科学童话，即知识童话。主要讲述了小壁虎被蛇咬住了尾巴，为了逃命而挣断了尾巴。小壁虎分别向小鱼、黄牛、燕子借尾巴，却没借到。正当小壁虎难过时，突然发现自己已经长出了新尾巴。全文以生动通俗的语言，介绍了鱼、牛、燕子尾巴的不同作用，以及壁虎尾巴的再生功能。

　　课文结构清晰，其中第3、4、5自然段情节反复，可作为学生仿说、仿写的范例。准确、丰富的词语运用是本文的语言特色，如，"小鱼摇着尾巴""老牛甩着尾巴""燕子摆着尾巴"，"摇""甩""摆"等词语，形象地写出了不同尾巴的特点，读起来生动有趣，富有变化。

　　本文配有六幅插图，教学中可以利用连环画课文的特点，让学生带着课后问题"小壁虎都找谁借过尾巴，结果怎么样"看图读文，找到相关信息，并连起来说说故事的主要情节。根据文本的特点，教师还可以鼓励学生分角色表演。

　　第一课时拟通过多种方法猜字，多种形式朗读，把课文读正确，读流利；借助形声字偏旁表意的特点和联系上下文了解字义，并通过交流提炼猜读的几种方法识字、写字。学习课文的第1、2自然段。

·适合年级·

　　一年级。

·教学目标·

　　（1）分角色朗读课文，读好文中的对话；学写"姐""您"。
　　（2）了解壁虎、鱼、牛、燕子尾巴的不同作用。
　　（3）借助板书说说故事的主要情节，尝试续编、表演。

· 教学过程 ·

一、导入课题

小朋友们,今天我们继续学习科学童话《小壁虎借尾巴》。齐读课题。

二、复习回顾,整体感知

(1)小壁虎为什么要借尾巴呢?(教师引读第1、2自然段)

小壁虎在墙角——捉蚊子,

一条蛇——咬住了它的尾巴。

小壁虎——一挣,挣断尾巴——逃走了。

没有尾巴——多难看哪!

小壁虎想:——向谁去借一条尾巴呢?

(2)小壁虎向谁借尾巴?结果怎么样?谁来对照插图讲一讲?(可以乱序出示插图,先排序,再讲述。)

三、精读第 3—5 自然段

（1）课文哪几个自然段写了小壁虎借尾巴的过程？（3—5 自然段）

（2）轻声朗读第 3—5 自然段，比较这三个自然段有什么相同的地方？（将三个自然段呈现在一张 PPT 上）

预设：

◎小壁虎分别向小鱼、老黄牛、燕子借尾巴，但都没借到。

◎"您把尾巴借给我行吗？""不行啊……"这两个句子重复了三次。

◎小壁虎很有礼貌，无论跟谁说话，都用了"您"。

◎学习生字"您"。关注读音：前鼻音；学习写法：你+心；学会运用：你能用"您"说一句话吗？

◎每个自然段的开头都是"小壁虎爬呀爬，爬到某个地方"（板书：地点）朗读感悟"爬呀爬"，爬的时间很久，爬的路程很长。

◎第二句都是"他看见谁，在什么地方干什么"（板书：所见）。

小结：你们真是火眼金睛，居然找出了这么多相同点。

（3）再仔细读读，这三个自然段有什么不同的地方呢？再读一读，试着把不同的地方圈画出来。（学生边读边圈画）

预设：

◎小壁虎爬到的地方不同："小河边""大树上"和"屋檐下"。（板书：小河边　大树上　屋檐下）

◎小壁虎分别向小鱼、黄牛和燕子借尾巴。（板书：小鱼　黄牛　燕子）

◎三次称呼不同：小鱼姐姐、黄牛伯伯、燕子阿姨。（学习生字"姐"）

你是怎么记住"姐"字的，可以组什么词？跟"您"相比，在田字格里写的时候，有什么注意点？（一个上下结构，一个左右结构）

◎它们尾巴的用处不一样，小鱼用尾巴拨水，黄牛用尾巴赶蝇子，燕子用尾巴掌握方向。（板书：拨水　赶蝇子　掌握方向）

◎用的动词也不一样。小鱼是摇着尾巴游来游去，黄牛是甩着尾巴吃草，燕子是摆着尾巴飞来飞去。（板书：摇　甩　摆，游来游去　吃草　飞来飞去；指名动作表演，及时评价。）

小结：你们个个都有火眼金睛，一下子发现了这三个自然段有这么多异同之处。语言表达简洁，动作表演也很到位，帮助大家准确理解了这些动词的意思，真是太厉害了。

（4）朗读感悟。

◎指导朗读。怎样才能读好这三自然段呢？（指名读）

评价引领：读出小壁虎借尾巴时商量、恳求的语气。小鱼、老黄牛、燕子拒绝时为难、抱歉的语气。这三个自然段，有很多相同之处，相同之中又有一些变化，也要把这种"不同"读出来。

◎自由练读。

◎分角色读。

小结：小壁虎三次借尾巴，不同的动物，尾巴的功用是不一样的。以后，大家会在很多故事中读到这种重复的情节。

四、学习第6、7自然段

（1）小壁虎的尾巴又有什么作用呢？（指名读第6、7自然段，说一说。）

（2）小壁虎把借尾巴的事告诉了妈妈。它是如何讲的呢？（借助板书，尝试转换人称，简要说一说。）

（3）指导朗读，读出小壁虎从"难过"到"高兴"的不同心情。

五、仿说

（1）你们还知道哪些动物的尾巴有什么用处？

（2）你们能照书上的样子，接着讲一段"小壁虎借尾巴"的故事吗？

（3）那么多动物的尾巴都有用处，为什么不全写在课文里，只选这三种动物来写呢？

小结：这三个例子告诉我们，不论是河里的、陆地上的，还是空中飞的动物，它们的尾巴都是有用处的，选择这三种动物比较有代表性。

六、作业设计

把《小壁虎借尾巴》的故事讲给别人听，或者邀请好朋友一起表演这个故事。

七、板书设计

地点	所见			作用
小河边	小鱼	摇	游来游去	拨水
大树上	黄牛	甩	吃草	赶蝇子
屋檐下	燕子	摆	飞来飞去	掌握方向

《"歪脑袋"木头桩》教学设计

· 作品解读 ·

《"歪脑袋"木头桩》初稿完成于 1981 年 6 月 18 日，发表于 1982 年的《朝花》第六期。这是中国现代作家、著名儿童文学作家严文井的作品，具有很浓的哲理与诗意。严文井的童话，就是一位散文家兼诗人的童话。他曾经说过："童话虽然很多都是用散文写作的，而我却想把它算作一种诗体，一种献给儿童的特别的诗体。"

这篇童话的主人公是荒地上插着的一根木头桩，年纪很大，很骄傲。因为小男孩在他脑袋上刻了一张鬼脸，便更加不可一世地以"雕像"自居，然而他的傲慢却换来了孤独和寂寞。小姑娘们的到来，唤醒了他作为一棵小树的记忆，他终于寻找到了久违的快乐。洪汛涛认为这篇作品"告诉人们，和年轻的孩子们在一起，你也会变得年轻了"。也许，关于这篇童话，还有更丰富的解读。

《"歪脑袋"木头桩》充满想象力，但又非常符合事物的物性特征。无论是场景式的故事情节，还是主人公丰富的内心变化，都能唤醒儿童的生活经验和情感体验，让他们获得阅读的快乐。

· 适合年级 ·

二年级。

《"歪脑袋"木头桩》导读课

· 教学目标 ·

（1）大声朗读片段，培养学生良好的倾听习惯。
（2）设置悬念，激发学生自主阅读的兴趣。

· 教学过程 ·

一、"歪脑袋"木头桩

小朋友们，今天，我给大家介绍一个新朋友，他是谁呢？（板画"歪脑袋"木头桩）

如果让你给他取一个名字，你会叫他什么？

他是一截怎样的木头桩呢？请静心听我朗读。

反正很久以前，在这片绿色的草丛当中，就有这么一个满身都是皱纹的又脏又丑的木头桩站在这里了。我只知道他是一个很骄傲很骄傲的木头桩，他有一个尖尖的脑袋，老是歪着。他老是瞧不起周围的小草。他比谁都高，就觉得自己比谁都高明。

（适当停连，指名表演木头桩的动作、神态。）

他是一个很老很老的木头桩，谁也不知道他有多大岁数了。也许他待在这儿有两百零一年，三百零一年，四百零一年了，反正一下子我也算不清。年纪大，这也是他骄傲的一个原因。可是他忘记了他曾经是一棵树，而且还当过小树，比小草高不了多少。至于当他刚发芽的时候，他甚至比许多小草都还要矮，可是他忘记了这些事实。

这是一截怎样的木头桩？（很骄傲很骄傲，很老很老，谁也瞧不起。）
谁来画一画"歪脑袋"木头桩的表情？（指名在"歪脑袋"木头桩简笔画上添加骄傲的表情）

二、鬼脸！雕像？

很骄傲很骄傲的"歪脑袋"木头桩，有一天，遇到了一个淘气的小男孩，他们之间会发生什么呢？请你们先猜一猜。（指名猜测后再朗读）

小男孩发现了木头桩，就用小刀在那个"歪脑袋"上刻了一个脸：一双瞪着人的大眼睛，好像在发脾气；一张露着牙齿的大嘴，好像在嚷嚷什么；还有一个大鼻子，鼻头皱着，就像要打喷嚏！总之，是一张鬼脸。小男孩还在那张鬼脸下面刻了一些乱七八糟的道道，当做木头桩的衣服。小男孩很得意，笑了一声："这是一个雕像，美极了！"

这是鬼脸，还是雕像呢？（板书：鬼脸　雕像）请你们说说自己的看法。（鼓励学生发表自己的见解）

木头桩听到小男孩的话，他会怎么想，心情怎样呢？
出示，齐读：这真带劲儿！我成了一个雕像，真够有意思的。

从这些语言里，你们读出了什么？（得意扬扬，不可一世）

三、木头桩？长椅！

后来，一群工人想在这个地方修一个儿童公园，他们修了秋千架、滑梯、沙坑等各种好玩的游乐设施。他们会怎么处理这截老木头桩呢？

他们把木头桩从地里挖出来，还把他身上的泥土清理干净，修理了一阵，成了一张可以休息的长椅子。你们觉得，现在的木头桩会是怎样的心情？

四、自主阅读

"歪脑袋"木头桩还经历了怎样的遭遇？他的心情会发生怎样的变化呢？请小朋友们自己去读一读这篇《"歪脑袋"木头桩》，并完成阅读单。

五、板书设计

"歪脑袋"木头桩

鬼脸！雕像？长椅！

《"歪脑袋"木头桩》交流课

· 教学目标 ·

（1）梳理童话情节，绘制场景图，读懂"歪脑袋"木头桩内心的变化。

(2)尝试转换角色,讲述"歪脑袋"木头桩的经历,感受童话丰富的想象,体验阅读的乐趣。

(3)推介阅读严文井、金近、冰波、孙幼军、陈伯吹的童话作品。

· 教学过程 ·

一、导入

小朋友,今天,我们一起来聊聊严文井的《"歪脑袋"木头桩》这篇童话。还记得他是一个怎样的木头桩吗?

二、梳理人物和情节

(1)"歪脑袋"木头桩成天插在荒草地里,也没法动弹,他都遇见了谁呢?(开火车说)

板贴:一个男孩、两只麻雀、几个小姑娘、一群工人、一大群孩子(先乱序排列)

排排序,说说你的发现。(人物数量逐渐增多,体会创作者的独具匠心。)

(2)"歪脑袋"木头桩和他们之间发生了什么呢?简要说一说。(学习概括方法:谁干什么?)

预设:

◎男孩在"歪脑袋"木头桩上刻了一个鬼脸。

◎两只麻雀飞到他身上,被他骂走了。

◎几个小姑娘把皮筋拴在他身上跳。

◎一群工人把他修理成一张可以休息的椅子。

◎孩子们来公园玩耍,几个小姑娘又来跳皮筋了。

(相继板书:刻鬼脸、找虫子、跳皮筋、当椅子、玩耍)

三、对比阅读,探究"歪脑袋"木头桩心情变化及其原因

骄傲的"歪脑袋"木头桩遇到了那么多人,经历了那么多事,他的心情有什么变化呢?让我们回到具体的场景中,去体会"歪脑袋"木头桩的心情变化。

1. 面对小草和麻雀

"歪脑袋"木头桩以为自己是了不起的雕像,整天"嘟嘟嘟嘟""唧唧唧唧"地唱着,可是,周围的小草谁也不给他鼓掌,他伸长了脖子问:

"喂!喂!你们都没有听见我在歌唱吗?"

小草们都不作声。

木头桩皱起了鼻头,大声嚷嚷:"我这副漂亮的面孔,难道你们也没有看见吗?"

……

两只麻雀飞到他的"歪脑袋"上来了,麻雀们为了找虫子吃,翘着尾巴在他头上一蹦一跳地走着,蹭得他头皮直痒痒。木头桩不耐烦地对麻雀们嘘了一声:"去,去!你们怎么敢站在我脑袋上?知道吗?雕像脑袋是特别庄严的,你们是什么东西?"

(师生合作朗读,从"歪脑袋"木头桩的语言中感受他的傲慢、不耐烦、生气。)

2. 面对跳皮筋的小姑娘

读一读"歪脑袋"木头桩两次遇见几个小姑娘的片段,说说他有什么变化?为什么会有这样的变化?

(1)第一次遇见。

她们拿出了一根长长的皮筋,一头拴在木头桩上,一头拴在一棵核桃树上。

她们跳起皮筋来了,一边跳一边唱:

小皮球,

香蕉梨,

马莲开花二十二。

她们跳得真好。那些轻巧的腿就像长了翅膀一样，一会儿下，一会儿上，皮筋老想缠住那些腿，可就是缠不住，那些腿都在飞。木头桩看小姑娘们的游戏看得发呆了，可是心里还想："玩够了，下面她们总该唱一唱美丽的雕像吧。"

没想到小姑娘接着唱的却是：

二五六，

二五七，

二八二九三十一。

木头桩又生气了："她们胡唱一些什么呀，真没劲儿！"小姑娘们跳了一个够，唱了一个够，就是没有唱木头桩。然后她们解下皮筋就回家了。真怪，小姑娘们走了以后，木头桩有点闷得慌。他忽然想玩玩儿，甚至还有点想学跳皮筋。可是，他的腿在哪儿呢？他一动也不能动，就安慰自己说："跳皮筋是姑娘们的事，我是了不起的大雕像，才不玩这玩意儿咧。"

（2）第二次遇见。

儿童公园开放了。一大群孩子们来了……他们玩得真起劲！

当然，这一切老木头桩都瞧见了，可就是没人来找他玩儿，他心里真难受。

后来，几个小姑娘来到了草地旁边，她们又想跳皮筋了。……一个小姑娘偶然发现了那个老老实实躺着的木头桩。他那个歪脑袋正好翘着，他正在偷看她们。

那个小姑娘说："瞧这儿，就拴在这个木头疙瘩上吧。"

木头桩又高兴，又有点生气，说："胡扯，我可不是木头疙瘩！嗯，不过，嗯，玩儿一次也可以。"

因为，好久没人理他，他实在太寂寞了。

姑娘们把皮筋的一头拴在木头桩翘起的歪脑袋上，另一头拴在一根电线杆上。

她们跳起皮筋来了，一边跳，一边唱……小姑娘真高兴，那些腿又飞又舞，把木头桩的心也震动了。你们相信吧？他还有一颗心咧。

木头桩忽然想起了自己也做过小树的时代，不过，那个时代过去得太久了，什么事想起来都是模模糊糊的。他只记得他脑袋上也长过一些嫩的树枝和绿的叶子,好像还开过花。不过,那是哪一年的事情呀?

他忘记了他是"雕像",情不自禁地也唱起歌来了。

他是学小姑娘们的歌,不过唱出来有点走了样。……

同样是遇见跳皮筋的小姑娘,他有什么变化?(从"歪脑袋"木头桩的神态、心理、语言描写中,感受他的心情变化。)

预设:第一次,很生气,小姑娘走了又觉得闷得慌,想玩,想跳皮筋,又觉得那是小姑娘的事。

追问:你从哪里看出他想跳皮筋的?(朗读重点句子)

预设:第二次,心被震动了,跟着情不自禁地唱起来,忘记了自己是"雕像"的事。

追问:他为什么会有这样的变化?(被小姑娘们的活力感染)

(根据汇报交流,画出"歪脑袋"木头桩的心情变化曲线图。)

四、借助思维导图,讲述故事

根据思维导图讲一讲这个故事,也可以通过表演展示哦!(组内准备,大组展示。)

周芯妤 《"歪脑袋"木头桩》思维导图

常妙苒 《"歪脑袋"木头桩》连环画创编

《"歪脑袋"木头桩》情节图

五、认识作者，推介作品

1. 认识作者

严文井，著名儿童文学家。他的童话、寓言创作故事生动、构思巧妙，具有很浓的哲理与诗意，被誉为"一种献给儿童的特殊的诗体"。代表作品有《南南和胡子伯伯》《丁丁的一次奇怪旅行》等。

2. 推介阅读

（1）读读这本书里的《丁丁的一次奇怪旅行》《小溪流的歌》《会摇尾巴的狼》等童话作品。

（2）也可以读一读《小鲤鱼跳龙门》（金近著），《孤独的小螃蟹》（冰波著），《小狗的小房子》（孙幼军著），《一只想飞的猫》（陈伯吹著），说说故事中的主人公分别有怎样的奇遇。

六、板书设计

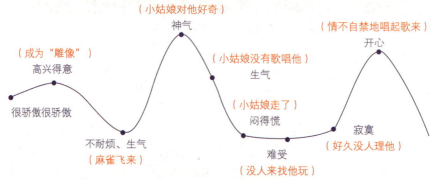

《"歪脑袋"木头桩》情节情绪曲线图

"脸谱"我来画
——《"歪脑袋"木头桩》阅读单

听老师或爸爸妈妈朗读《"歪脑袋"木头桩》这篇童话，如果能自己阅读，就更棒了。

读完之后，想一想，"歪脑袋"木头桩遇见了谁，经历了什么？他的心情有什么变化？

尝试在图中补充他的遭遇，或者画一画能反映他心情的"脸谱"。

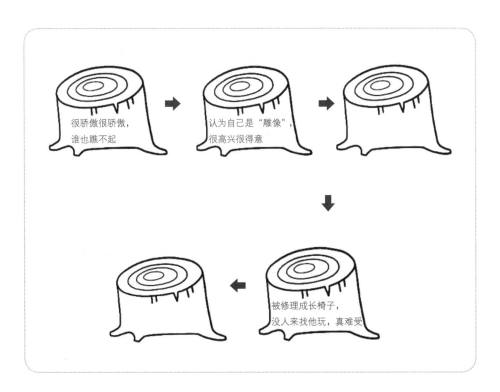

我会画"情境图"
——《"歪脑袋"木头桩》连环画创编

把"歪脑袋"木头桩的故事画成连环画,发挥想象力,续写他的故事。

童话里的"奇遇"
——二年级上册"快乐读书吧"阅读单

题　目	作　者	主人公	奇　遇
小鲤鱼跳龙门			
孤独的小螃蟹			
小狗的小房子			
一只想飞的猫			
我的感想			

《巨人的花园》教学设计

·作品解读·

《巨人的花园》是英国唯美主义作家王尔德创作的童话作品，讲述了巨人从自私变得和善、慷慨的故事，温馨感人。该篇是王尔德童话作品中最短的一篇，收录在童话集《快乐王子及其他故事集》。收入教材时，有删改。

· 适合年级 ·

四年级。

· 教学目标 ·

（1）了解课文大意。
（2）有感情地朗读课文，感受童话的奇妙。
（3）紧扣"变化"，感悟巨人形象，理解童话蕴含的哲理。

· 教学过程 ·

一、导入课题，概括内容

这节课，我们来讨论王尔德的童话《巨人的花园》。
围绕"巨人的花园"，这篇童话写了什么呢？谁来简要说一说。

二、初读课文，感受神奇

（1）童话，充满着奇妙的想象。请大家朗读这篇童话，把最吸引你的幻想场景标记出来。
（2）朗读分享。

三、紧扣"变化"，体会真善美

话题：巨人的花园发生了哪些变化，巨人又有什么转变？

1. 花园的变化

| 这是一个很可爱的大花园。园里长满了柔嫩的青草，草丛中到处露出星星似的美丽花朵。还有十二棵桃树，春天开出淡红色和珍珠色的鲜花，秋天结出丰硕的果子。小鸟们在树上唱着悦耳的歌，歌声是那么动听，孩子们都停止了游戏来听他们唱歌。 | → | 单单在巨人的花园里，仍旧是冬天的景象。小鸟不肯在他的花园里唱歌，因为那里没有孩子们的踪迹，桃树也忘了开花；偶尔有一朵美丽的花从草丛中伸出头来，可是一看见那块布告牌，就马上缩回到地里睡觉去了。……雪用他的白色大衣覆盖着青草，霜把所有的树枝涂成了银色。他们还请来北风同住。北风身上裹着皮衣，整天在花园里呼啸着。 | → | 桃树看见孩子们回来十分高兴，纷纷用花朵把自己装饰起来，还在孩子们头上轻轻地舞动胳膊。小鸟们快乐地飞舞歌唱。花儿们也从绿草丛中伸出头来。这的确是很可爱的景象。 |

花园的变化和什么有关？（孩子）

有了孩子，花园里四季分明，鸟语花香；没有孩子，花园被春天遗忘，被雪霜覆盖。

2. 巨人的变化

| "你们在这儿做什么？"他叱责道。孩子们吓得跑开了。"我自己的花园就是我自己的花园，"巨人自言自语道，"这是随便什么人都懂得的。除了我自己以外，我不允许任何人在里面玩。"于是他在花园的四周砌了一道高墙，挂出一块布告牌：
禁止入内
违者重惩 | → | 巨人看见这个情景，心也软了。他对自己说："我多么自私啊！现在我明白为什么春天不肯到这儿来了。"他十分后悔自己先前的举动。
他轻轻地走下楼，静悄悄地打开前门，走进花园里。巨人悄悄地走到他后面，轻轻抱起他，放到树枝上。
巨人对他们说："孩子们，花园现在是你们的了。"他拿出一把大斧子，拆除了围墙。
孩子们站在巨人的脚下，爬上巨人的肩膀，尽情地玩耍。
他不能再跟孩子们一块儿玩了，只能坐在椅子上看孩子们玩各种游戏，同时也欣赏着他自己的花园。他说："我有许多美丽的花，可孩子们却是最美丽的花。" |

3. 巨人转变的缘由

巨人为什么会有这么大的变化？跟谁有关？（一个孩子）

这是花园里最远的角落，一个小男孩正站在那里。他太小了，手还挨不到树枝，只好在树旁转来转去，哭得很厉害。这棵可怜的树仍然满身盖着雪和霜，北风还在树顶上吼叫。"快爬上来，孩子！"桃树一面对小男孩说，一面尽可能地把树枝垂下去，然而孩子还是太小了。

巨人看见这个情景，心也软了。 他对自己说："我多么自私啊！现在我明白为什么春天不肯到这儿来了。"他十分后悔自己先前的举动。

他轻轻地走下楼，静悄悄地打开前门，走进花园里。孩子们看见他，非常害怕，立刻逃走了，花园里又出现了冬天的景象。只有那个小男孩没有跑开，因为他的眼里充满了泪水，看不见巨人走过来。巨人悄悄地走到他后面，轻轻抱起他，放到树枝上。这棵树马上开花了，小鸟们也飞来歌唱。**小男孩伸手搂住巨人，亲吻着他的脸颊。** 别的孩子看见巨人不再像先前那样凶狠了，也都跑了回来。春天也跟着一起回来了。巨人对他们说："孩子们，花园现在是你们的了。"他拿出一把大斧子，拆除了围墙。

为什么这个小男孩能够打动并改变巨人？（爱能融化一切，温暖一颗坚硬的心。）

四、拓展

阅读王尔德童话原文《自私的巨人》，以及他的其他童话作品。

我喜欢的王尔德童话

题目、页码	主要内容（简要介绍）	特　色

画出这几篇童话中打动你或者觉得想象力最神奇的片段,也可以在你认为最值得分享的句段上打上☆。(注:本节参考蒋军晶老师的设计)

·第三节· 短篇童话集教学

《奔跑的圆》教学设计 | 王一梅著
浙江文艺出版社
2020年8月版

·作品解读·

《奔跑的圆》是儿童文学作家王一梅的短篇童话集,共收录短篇童话22篇,其中有不少脍炙人口的名篇,比如她的成名作《书本里的蚂蚁》。

王一梅的童话继承了抒情派童话的传统——语言优美典雅、意境蕴含丰富,同时有着自己独特的韵味:温暖、宁静、诗意。随手翻阅,就会读到许多诗意闪亮的句子,像一串串珍珠,璀璨夺目。非常适合教师或家长大声朗读给低幼年段的孩子听。

这本童话集里收录的几乎都是拟人体童话,大都以动物为主人公,富有童心和想象力,读来常常令人拍案叫绝。王一梅的童话常用重复的手法,有段的反复,更多的是情节的反复,使作品呈现出内在的"节奏"。反复手法的运用,有助于强化儿童对故事的理解和记忆。这本书中,很多童话的结尾出人意料,给人惊喜之感,仿佛神来之笔。在阅读中,也可以带着孩子去细细体味。

这些童话主题鲜明丰富，涉及信任与守信、付出与回报、梦想与价值、思念与陪伴等，传递着爱和温暖，启迪儿童心灵成长，能带给孩子丰富的精神体验。当然，王一梅笔下的童话世界也并不都是美好的，而是充满着酸甜苦辣，有时夹杂着淡淡的感伤气息，更贴近现实世界，更能引起儿童共鸣。譬如孤独，譬如背离。还有一些童话，蕴藏着科学知识，比如，冰融化成水，植物经历从花到果，再变成种子重新发芽等。

王一梅拥有高超的幽默技巧。乌鸦把光头当成马路边的路灯在上面歇脚、方便。更有意思的是，警察阿龙居然给乌鸦开了罚单。沉默的狗对唠叨的猫先是不以为然，最后却不由自主地想念。所有的汽车像蜗牛一样排着队，比走路还慢。这样的幽默在这本童话集里比比皆是。而且，这种幽默并不仅仅是趣味，还是一举多得。魔法师把不愿意跟狮子玩的动物都变成狮子，润物无声地让儿童学会了换位思考，拥有了共情能力。

和孩子们共读这本《奔跑的圆》，可以深度挖掘的点很多，但是，两节课的时间毕竟有限，要懂得取舍。如果条件允许，可以开展多节交流课，重组篇目以群文阅读的形式进行教学，做到一课一得。低年段的孩子年龄小，更宜采用朗读浸润的方式，在潜移默化中领悟王一梅童话的魅力，积累内化语言，同时，获得精神的启迪。

·适合年级·

一、二年级。

《奔跑的圆》导读课

·教学目标·

（1）以《书本里的蚂蚁》和《兔子的胡萝卜》为例，通过大声读、讲述、设置悬念等方式，激发学生自主阅读的兴趣。

（2）在倾听、猜测、思辨、续编中，初步感知王一梅童话想象力的神奇，感悟童话所传达的爱和温暖。

（3）初步学习制订阅读计划。

·教学过程·

一、初识童话主人公，激趣导入

（1）小朋友们，今天，我们一起走进王一梅的"童话王国"。（出示封面）

（2）你们看，童话王国的居民可多了。（出示童话主人公，乱序排列。）

奔跑的圆、想走路的树、花精灵、木头人的医生、狮子卡卡、黑熊、大象、大狼托克、斑马、演说家黑猫、兔子萝里、蔷薇别墅的老鼠、鼹鼠、扭来扭去的蛇、屎壳郎、书本里的蚂蚁、蜗牛、乌鸦、枯叶蝶……

你想先听谁的故事？为什么？（指名2~3人回答）

如果让你给他们分类，你有什么发现？

走进王一梅的童话王国，我们仿佛来到了一个动物世界。这本书中的童话主人公以动物为主。

【设计意图】从儿童感兴趣的童话角色入手，初步了解学生的喜好，倾听他们的心声；给童话角色分类，训练逻辑思维能力，为了解童话的拟人体特性做好铺垫。

二、大声朗读，感受"神奇"

（1）教师朗读《书本里的蚂蚁》第1、2自然段。

这只被夹扁的蚂蚁会有怎样的经历呢？请小朋友们动脑筋想一想，猜一猜，说一说。

（2）分角色朗读3—6自然段。

再猜猜看，接下来会发生什么？

（3）开火车朗读7—13自然段。

听完这个故事，你们有什么想说的？

【设计意图】鼓励学生放飞想象，表扬敢于大胆猜测，想别人所不能想，想别人所不敢想的小朋友；引导学生发现作者想象的神奇。适当渗透，童话的想象不是没有依据的，黑黑的蚂蚁的确像一个字，引领学生初步体会童话想象的逻辑性，为以后创作童话打好基础。

三、讲述故事，感受"幸福"

1. 讲述《兔子的胡萝卜》

（根据教师个人情况，确定讲述的方式，可以简要讲述，可以拓展性地讲述，也可以邀请孩子参与故事情节的推进。）

讲述：兔子住在城市里，自从拥有了一根胡萝卜，他的生活就和以前不一样了。他非常喜爱自己的胡萝卜，时刻都抱着它，他梦想通过辛勤劳动，收获更大更多的胡萝卜，从此过上幸福的生活。

在树林旁边，兔子遇到了孤独的雪人，一个没有鼻子的雪人，一个善解人意的雪人，他并没有问兔子要这根胡萝卜来当鼻子。但是，兔子想也没想就把胡萝卜插在了雪人的脸上。

如果是你，你会把寄托自己梦想和希望的胡萝卜送给雪人吗？

2. 续编故事

一只小鸟飞累了，停在雪人的鼻子上休息。小鸟饿了，怎么办呢？

3. 自主阅读

这个童话故事最后的结局是怎样的呢？请大家自己翻开书读一读，可以朗读，也可以默读。

（指名讲述故事结局，交流读后感受；板画思维导图。）

总结：兔子、雪人和小鸟共同演绎了一个精彩的童话故事。他们彼此需要胡萝卜，却从不勉强；彼此关爱，但一点儿也不做作。在这个世界上，我们每个人都不能孤独地存活着，只有在与他人的相互关爱、互相帮助、互相联系中才能获得幸福，获得生命应有的价值。

【设计意图】引导学生发表自己的观点，并展开思辨，但要尊重学生的独特见解，适时引导正确的价值观；体会童话出人意料的结尾；探讨主题，感受爱心的传递。

四、制订计划，推进自主阅读

亲爱的小朋友们，从今天起，我们开始阅读《奔跑的圆》这本书啦，为了更好地完成初读任务，制订一个阅读计划吧，可以自己填写，也可以邀请爸爸妈妈帮忙哦！还可以用自己独创的方式呈现你的阅读计划。

阅读计划单

阅读时限	月 日— 月 日（共7天）		
阅读时间	阅读的页码	我最喜欢的篇目	完成任务满意度评价（自评或家长评）
			☆☆☆☆☆
			☆☆☆☆☆
			☆☆☆☆☆
			☆☆☆☆☆
			☆☆☆☆☆
			☆☆☆☆☆
			☆☆☆☆☆

（对于低年级的孩子来说，读《奔跑的圆》，最好是亲子共读、自主阅读相结合，一般1~2周读完为宜。）

《奔跑的圆》交流课

·教学目标·

（1）讨论重点篇目，初步感受反复的写作手法。

（2）学画思维导图，借助导图讲述、续编故事。

（3）领悟童话主题，感受爱与温暖。

·教学过程·

一、导入课题，交流初读感受

（1）出示"我最喜欢的童话"调查结果。

"我最喜欢的童话"（共22篇）调查结果

篇 目	喜欢的人数	篇 目	喜欢的人数	篇 目	喜欢的人数
《奔跑的圆》		《兔子的胡萝卜》		《兔子萝里》	
《大狼托克打电话》		《蜗牛的森林》		《想走路的树》	
《斑马生活在城市》		《鼹鼠的一天》		《黑熊的北极旅行》	
《给乌鸦的罚单》		《大象的脚印》		《木头人的医生》	
《猫的演说》		《第十二只枯叶蝶》		《木头王国的歌声》	
《蔷薇别墅的老鼠》		《冒冒失失的花精灵》		《扭来扭去的蛇》	
《屎壳郎喜欢圆形》		《狮子卡卡》			
《书本里的蚂蚁》		《世界上不能只有一个人走路》			

（2）交流：我最喜欢的一篇童话是《　　　》，讲了　　　　　　。我喜欢的理由是　　　　　　　　　　　　　　。（指名3~5人回答）

【设计意图】了解孩子的真实想法，并根据文本解读的教学点，适当引导，以丰富孩子的感想，但这个环节不深入交流。

二、梳理情节，学画情节图

1. 梳理

这节课，我们重点来聊一聊《奔跑的圆》《大狼托克打电话》和《屎壳郎喜欢圆形》这三篇童话，主人公分别是谁？（圆、大狼托克、屎壳郎）

2. 自主阅读思考（三选一）

（1）圆在奔跑的途中，遇见了谁，发生了什么？他的内心产生了怎样的变化？

（2）大狼托克分别给谁打了电话？他们各自需要什么？托克是怎么做的？

（3）屎壳郎在春天、夏天、秋天和冬天分别做了什么？他给别人带来了什么？

3. 这三篇童话分别讲了什么

（1）师生共同讨论《奔跑的圆》的主要内容，根据学生回答，板画情节图。

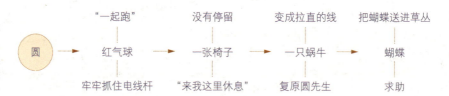

（2）自主填写《大狼托克打电话》情节图。

（3）尝试自己画一画《屎壳郎喜欢圆形》这篇童话的情节图，也可以选择这本书中自己喜欢的其他篇目来画。

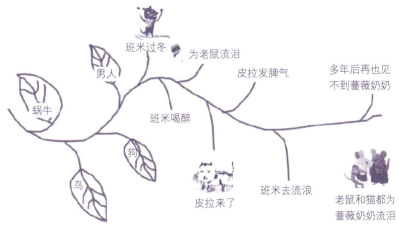

胡志远　宁德职业技术学院教师、博士　《蔷薇别墅的老鼠》情节图

【设计意图】在自主阅读、独立思考的基础上，先扶后放，循序渐进，教给学生梳理概括、板画情节图的方法。课堂上，可以根据时间情况确定讨论几篇，有可能本设计需要两课时，甚至更多课时来完成，根据学情确定。

三、探讨形象，抵达主题

（1）在童话的结尾处，奔跑的圆内心发生了怎样的变化？（原来不知道自己为什么奔跑,现在知道了。)是谁改变了他?(蜗牛的助人为乐,蜗牛的离开……)

(2)这是一只怎样的大狼?(渴望友情、热心肠。)

这又是一只怎样的屎壳郎?(会生活,懂得分享。)推荐图画书《田鼠阿佛》。

(3)奔跑的圆、蜗牛、大狼和屎壳郎,他们有什么共同的品质?

【设计意图】引导学生发现这三个故事在主题上的共同之处,体会王一梅童话传达的诗意、宁静和温暖。在讨论蜗牛乐于奉献的部分,可以根据课堂情况,稍稍让学生体会生命短暂,我们应当如何更有价值地活着。

四、借助情节图,讲述或续编

(1)对比情节图,你发现了什么?(初步感受童话"反复"的表现手法)
(2)这本书中,像这样反复结构的童话故事,还有哪些?
(3)选择一个故事,对照情节图,练习讲述或者续编故事。

【设计意图】初步感受童话的反复特点,借助情节图讲述或续编故事,也为创作童话打下基石。

五、课堂总结

小朋友们,这节课,我们重点交流了《奔跑的圆》《大狼托克打电话》《屎壳郎喜欢圆形》这三篇童话,梳理了童话情节,初步学习了童话反复的表现手法,学习了讲故事,感悟了奔跑的圆、蜗牛、大狼托克和屎壳郎的形象。懂得了活在这个世界上,要用我们的勤劳和智慧追求快乐幸福的生活,也要努力帮助别人,因为"赠人玫瑰,手留余香",这样,我们的生命就会更有价值和意义。

我喜欢的故事
——《奔跑的圆》阅读单

题目、页码	主要内容（简要介绍）	我喜欢的理由

画出这几篇童话中打动你或者觉得很有意思的片段，也可以在你认为最值得分享的句段上打上☆。

奇妙的场景
——《奔跑的圆》阅读单

童话里充满着神奇的想象，在《书本里的蚂蚁》中，所有的字都学着黑蚂蚁跳跳舞、串串门，书里的故事也就变来变去，每天都会有新的故事。这真是太奇妙了。

这本书中，还有哪一篇童话中有这样奇妙的场景。读一读，摘抄并画下来。

我读的故事是《　　　　　　》

神奇的场景（摘抄或直接标注页码）：

_____

_____

_____

读了这段文字，我的脑海中浮现出这样的画面。

和爸爸妈妈聊童话
——《奔跑的圆》阅读单
❸

重点阅读以下几篇童话，可以和爸爸妈妈口头讨论哦！

题 目	主人公	事 情	我的感想
奔跑的圆			
大狼托克打电话			
屎壳郎喜欢圆形			

读 写 绘
——我来写童话

从"礼物、老鼠、鞋子、刺猬、云朵、调皮的风"这些词语中，选择两个或以上词语写童话。

温馨提示：

（1）展开想象，可以尝试用上反复的结构。

（2）可以独立思考，也可以小组合作，还可以跟爸爸妈妈一起编故事，并把你编的童话故事画下来或者直接写下来。

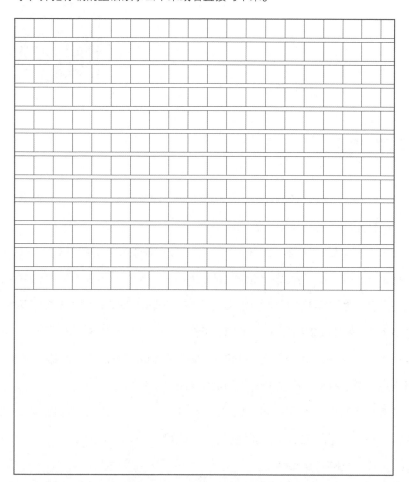

自改：一边默读或朗读，一边修改。

互评：

（1）语句通顺，故事完整。☆☆

（2）想象合理，带来惊奇。☆☆

（3）能用上反复的结构。　☆

我能得_____颗星。

《格林童话》教学设计

[德]格林兄弟著
云南人民出版社
2020 年 10 月版

·作品解读·

《格林童话》是童话发展史上的一座丰碑，堪称"口述童话"的先驱，由雅各布·格林和威廉·格林兄弟俩共同整理。

云南人民出版社出版（2020 年 10 月）的《格林童话》共收录 31 篇，大部分都是幸福的结局。马力在《世界童话史》中，将《格林童话》中的童话划分为"魔物魔法型""哲理型""兄弟姐妹型""灰姑娘型""小人型""奇人奇事型""荒诞故事型""恋爱故事型""小红帽型"这九种类型。虽然这样的分类也存在着交叉，但这为讨论短篇合集的民间童话整本书提供了可借鉴的思路。我们可以依照这些分类，将相同类型的几篇童话组合在一起讨论。

当然，也可以针对民间童话的叙事特点，选择组合篇目，彭懿在《走进魔法森林：格林童话研究》中，罗列了民间童话的众多叙事特征：

（1）公式化的开头和结尾。

（2）时间、地点及人物不确定。

（3）情节、场面、语言等重复。

（4）数字"三"。

（5）最前部优先和最后部优先。

（6）主人公登场的孤立状态。

（7）单线索叙事。

（8）人物形象、命运等的极端与对比。

（9）不描写主人公的心理活动。

（10）时间一致性，即巧合。

这些，都为民间童话的教学提供了思路，因为面对的是一群三年级的学生，我们的教学活动毕竟不是学术研究，要选择适合孩子的，对他们自主阅读童话作品具有启发意义的点来开展教学。譬如，针对情节的反复进行教学，就是一个不错的教学点（案例《奔跑的圆》也是探究童话的反复手法）。

阅读《格林童话》，从那些奇异的幻想故事中，感悟到生活的真谛和做人的道理，也会认识很多性格鲜明的童话形象。童话形象、故事情节、作品主题、写作手法……都是精读童话需要重点展开的点，但要依据不同的篇目，选择合适的讨论点深入展开精读。

"灰姑娘型"故事群文阅读

·教学篇目·

《亨舍尔和格莱特》《灰姑娘》《六只天鹅》《白雪公主》。

·教学目标·

（1）比照阅读，梳理童话情节，感悟人物形象。

（2）自主探究，发现《格林童话》中"灰姑娘型"故事的共性。

·适合年级·

三年级。

·教学过程·

一、朗读片段,猜测题目

孩子们,我们来读读这几段文字,猜猜分别出自哪一篇童话?

鸟儿丢下一件衣服和一双舞鞋给她,那件衣服比上件更加美丽,更加灿烂,那双舞鞋是纯金的。她穿了这件衣服去参加舞会,人们都很惊奇。

——《灰姑娘》

不久她生了一个女孩儿,皮肤像雪一样白净,嘴唇像血那么鲜红,头发像乌木那么黑。

——《白雪公主》

它们落到地板上,你吹我,我吹你,把所有的羽毛都吹掉,又剥去它们的天鹅皮,像脱衬衫一样。

——《六只天鹅》

小鸟落到房子顶上。他们走到很近的地方,看见房子是面包做的,屋顶是用饼干盖的,窗户是用亮晶晶的糖做的。

——《亨舍尔和格莱特》

今天,我们就来聊聊这几篇童话。

二、对比探究,发现共性

1. 合作探究(课前预读填写,课中每小组选择一个故事讨论)

故事探究

题 目	情 节	喜欢的人物及理由	讨厌的人物及理由	结 局
亨舍尔和格莱特				

续 表

题 目	情 节	喜欢的人物及理由	讨厌的人物及理由	结 局
六只天鹅				
灰姑娘				
白雪公主				
我的发现				

2. 全班交流

（1）故事情节。

①王后要害白雪公主，她被猎人带到了森林，在七个小矮人的帮助下，和王子举行了婚礼。

②灰姑娘总是受继母和两个姐姐的欺负，在榛树和小鸟的帮助下，王子找到了她。

③亨舍尔和格莱特的继母想把他们丢在森林里，他们靠自己的智慧，还有小鸟和白鸭的帮助回到了家。

④《六只天鹅》中的王后不喜欢七个孩子，想把他们都变成天鹅，女孩躲过一劫，她和王子结了婚，又遭到恶婆婆的陷害，但她通过自己的坚持不懈救了六个哥哥。

小结：这四篇童话故事，情节差不多，尤其是《白雪公主》和《灰姑娘》情节极为相似，每篇童话里都有一个狠心恶毒的继母。

（2）人物形象。

①喜欢的人物。

白雪公主、灰姑娘：美丽善良。

亨舍尔和格莱特：聪明机智。

《六只天鹅》中的女孩：美丽善良、虔诚。

七个小矮人、小鸟、白鸭、王子：善良、乐于助人。

②讨厌的人物。

王后：阴险狡猾。

亨舍尔和格莱特的继母：狠心。

灰姑娘的继母和两个姐姐，总是欺负灰姑娘，恶毒。

《六只天鹅》中女孩的继母和国王的母亲：狠毒。

（3）故事结局。

（出示结局）

父亲自从把孩子遗弃在森林里以后，就没有快乐过，继母已经死了。格莱特抖抖她的裙子，珍珠宝石在屋里乱滚，亨舍尔也一把一把地从口袋里把珍珠宝石拿出来。一切顾虑都没有了，他们一起生活，非常快乐。

——《亨舍尔和格莱特》

她一走进王宫，就认出是白雪公主，因此吓得呆住了。那里已经有铁鞋放在煤火上，用钳子夹了进来，放到她面前。她只得穿着火红的鞋子，一直跳到倒在地上死了为止。

——《白雪公主》

那恶毒的婆婆被绑在火刑柴堆上，烧成了灰。国王、王后和她的六个兄弟，在和平幸福中生活了很多年。

——《六只天鹅》

王子举行婚礼的时候，两个坏妹妹来了，想奉承她，分享她的幸福。新夫妇到教堂里去，姐姐在右，妹妹在左，鸽子把她们的眼睛啄掉了一只。因为她们恶毒狡猾，就只能得到终生做瞎子的下场。

——《灰姑娘》

（引导学生发现结局相似：善有善报，恶有恶报。）

总结：这四个故事都出自《格林童话》，故事里都有一个可恶的继母，主人公都具有美好品质，他们历经磨难，要么得到他人的帮助，要么靠自己的智慧和毅力战胜了邪恶，最后过上了幸福的生活，而坏人都得到了应有的下场。我们把这样的童话故事，称之为"灰姑娘型"故事。

三、延伸阅读，自主探究

《格林童话》中，还有很多其他类型的故事，比如："魔物魔法型""哲理型""兄弟姐妹型""小人型""奇人奇事型""荒诞故事型""小红帽型"等，可以选择自己喜欢的类型深入阅读，发现这些童话里共同的密码。

"奇人奇事型"故事研读
——《格林童话》阅读单

题　目	夸张的情节	人物的特点	结　局
勇敢的小裁缝			
六人走遍天下，万事如意			
我的发现			

《安徒生童话》教学设计

[丹]汉斯·克里斯汀·安徒生 著
叶君健 译
浙江文艺出版社
2020年10月版

· 作品解读 ·

安徒生是文学史上公认的现代童话的杰出奠基人，他用40年的心血精心编织了 168 篇童话故事。浙江文艺出版社的版本（2020 年 10 月），共收录安徒生童话 17 篇。

据著名翻译家叶君健研究，安徒生的童话创作大致分为三个时期：第一时期（1835—1845 年）——讲给孩子们听的故事，第二时期（1845—1852 年）——新的童话——用童话形式所写的有关现实生活的故事，第三时期（1852—1873 年）——故事——直接描写现实生活的小说，写法仍保留童话的特点，也有着丰富的幻想。

韦苇老师认为，安徒生的童话可以分为这样几类：从民间童话的土壤中生长出来的，如《豌豆上的公主》《笨汉汉斯》《老头子做事总不会错》《皇帝的新装》；取材于民间童话，但又不同于民间童话原型的，如《白雪皇后》；成就最高的是他创作的艺术童话，如《海的女儿》《丑小鸭》《夜莺》《坚定的锡兵》和《卖火柴的小女孩》等，这些作品，想象曼妙多姿，情节跌宕起伏，语言诗意、丰富、幽默和含蓄，人物形象鲜明，散发着迷人的人性光辉，对弱者充满同情，追求真、善、美。

《安徒生童话》整本书教学中，可以选择那些有着浓郁民间文学色彩的童话与《格林童话》进行对比阅读，可以侧重具有较高成就的艺术童话，也可以按照主题来分类选取篇目进行群文阅读，譬如"温暖与爱""信念与成长""幽默与反讽"等。

·适合年级·

三年级到六年级。

《安徒生童话》导读课

·教学目标·

（1）激发自主阅读的兴趣，感受安徒生童话的意境美、语言美。

（2）潜移默化中学习用情节图梳理故事脉络的方法。

·教学过程·

一、初识形象

（1）亲爱的同学们，从小到大，你一定读过不少童话故事，认识了很多童话人物。（指名说题目和人物）

（2）现在，我来读，你来猜，说说这两段文字描写的分别是哪一个童话形象？（出示片段）

这是一朵真正的郁金香。但是在这朵花的正中央，在那根绿色的雌蕊上面，坐着一位娇小的姑娘，她看起来又白嫩，又可爱。她还没有大拇指的一半长。

因此人们就把她叫——（稍停顿）拇指姑娘。

她的皮肤又光又嫩，像玫瑰的花瓣；她的眼睛是蔚蓝色的，像最深的湖水。不过，跟其他的公主一样，她没有腿，她身体的下部是一条鱼尾。

她，就是——海的女儿。

（3）自由朗读。

感受语言的诗意，尤其是比喻的精妙绝伦。

拇指姑娘和海的女儿的故事大家一定都听过或者读过，今天，我们一起来重温这两个童话，感受安徒生童话的优美意境。

二、神奇经历

1. 讲述《拇指姑娘》主要情节

（出示思维导图）

讲述：拇指姑娘住在一个光得发亮的漂亮胡桃壳里，癞蛤蟆抓走了她，把她放在一片睡莲叶子上，想给他的丑儿子当妻子。一群小鱼救了拇指姑娘，白蝴蝶带着她漂流，可她又被金龟子劫持，放在一朵雏菊上，女金龟子们嘲笑她，觉得她长得太丑了。善良的田鼠收留了无家可归的拇指姑娘，却让她嫁给鼹鼠。拇指姑娘不喜欢鼹鼠，一只燕子把她带到了温暖的国度……

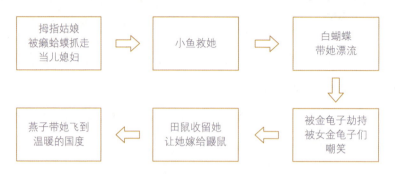

来到温暖的国度，拇指姑娘会遇见谁？会发生怎样的故事呢？

（出示片段，自由朗读。）

  燕子带着拇指姑娘飞下来，把她放在一片宽阔的叶子上面。这个小姑娘感到多么惊奇啊！在那朵花的中央坐着一个小小的男子！他是那么白皙和透明，好像是玻璃做成的。他头上戴着一顶最华丽的金王冠，肩上生着一双发亮的翅膀，而他本身并不比拇指姑娘高大。他就是花中的安琪儿。每一朵花里都住着这么一个小小的男子或女人。不过这一位却是他们大家的国王。

——安徒生《拇指姑娘》

2. 朗读《海的女儿》精彩片段

小人鱼十五岁的时候，终于可以浮到海面上。她救了一位遇难的王子，并深深地爱上了他。小人鱼请求巫婆给她能够行走的双腿，好让王子爱上她。为了这双腿，小人鱼失去了美丽的声音。虽然王子非常喜欢她，可是，却要娶邻国的公主为妻。

（出示片段，指名朗读。）

礼炮响起来了，旗帜在飘扬着。一个金色和紫色的华贵的帐篷在船中央架起来了，里面陈设着最美丽的垫子。在这儿，这对美丽的新婚夫妇将度过他们这清凉和寂静的夜晚。

[丹]安徒生/文，[俄]安东·罗马耶夫/图，韦苇编译，北京联合出版公司2015年版

风儿在鼓着船帆。船在这清亮的海上，轻柔地航行着，没有很大的波动。当暮色渐渐垂下来的时候，彩色的灯光就亮起来了，水手们愉快地在甲板上跳起舞来。小人鱼不禁想起她第一次浮到海面上来的情景，想起她那时看到的同样华丽和欢乐的场面。她于是旋舞起来，飞翔着，正如一只被追逐的燕子在飞翔着一样。大家都在喝彩，称赞她，她从来没有跳得这么美丽。快利的刀子似乎在砍着她的细嫩的脚，但是她并不感觉到痛，然而她的心比这还要痛。她知道这是她看到他的最后一晚——为了他，她离开了她的族人和家庭，她交出了她美丽的声音，她每天忍受着没有止境的苦痛，然而他却一点儿也不知道。这是她能和他在一起呼吸同样空气的最后一晚，这是她能看到深沉的海和布满了星星的天空的最后一晚。同时一个没有思想和梦境的永恒的夜在等待着她——没有灵魂，而且也得不到一个灵魂的她。一直到半夜过后，船上的一切还是欢乐和愉快的。她笑着，舞着，但是她心中怀着死的念头。王子吻着自己的美丽的新娘，新娘抚弄着他的乌亮的头发。他们手牵手到那华丽的帐篷里去休息。

——安徒生《海的女儿》

亲爱的孩子们，听到这里，你还想知道什么呢？

三、推荐阅读

（1）拇指姑娘和安琪儿在一起了吗？如果小人鱼刺死王子，她就能重新成为一尾鱼，活过三百年的岁月。她会怎么做呢？请大家自己去读一读这本《安徒生童话》。

（2）这本书里还有很多很多动人的故事，你读过哪些？现在最想先读哪一篇呢？（出示目录）

《丑小鸭》

《海的女儿》

《拇指姑娘》

《雏菊》

《一个豆荚里的五粒豆》

《枞树》

《夜莺》

《野天鹅》

《坚定的锡兵》

《小意达的花儿》

《豌豆上的公主》

《笨汉汉斯》

《老头子做事总不会错》

《完全是真的》

《卖火柴的小女孩》

《皇帝的新装》

《母亲的故事》

（3）作业设计。

◎用自己喜欢的方式制订阅读计划。

◎选出我最喜欢的童话篇目，说说理由。

◎推荐阅读《海的女儿》《坚定的锡兵》《夜莺》《丑小鸭》，尝试梳理童话情节。

《安徒生童话》交流课

·教学目标·

（1）聚焦经典篇目，用适切的方法梳理童话情节，尝试简要讲述。

（2）借助话题讨论，勾连重点片段，感受童话形象，抵达童话主题。

（3）初步感受安徒生童话语言诗意、丰富、幽默和含蓄的特点。

·教学过程·

一、开门见山，导入课题

今天，我们来聊一聊《安徒生童话》这本书，重点讨论这几篇有代表性的童话。（出示题目和写作时间轴）

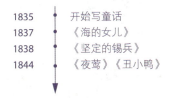

二、梳理情节，讲述故事

这几篇童话都以童话主人公为题目，这些角色有一个共同点——经历坎坷，受过不同的苦难。谁来简要讲讲这些故事？

1. 讲述"支架"1——情节图

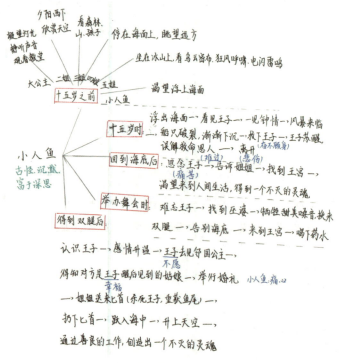

六年级　吕思漫　《海的女儿》思维导图

三年级　狄雨欣　《海的女儿》插图设计

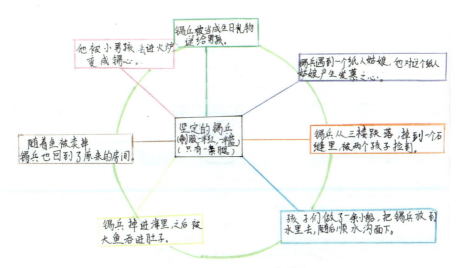

六年级　卢江　《坚定的锡兵》情节图

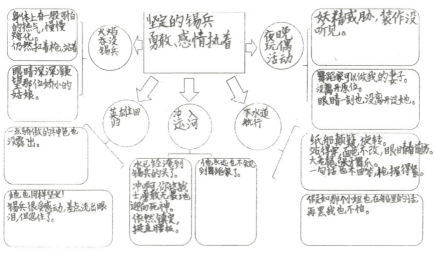

三年级　凌陈锜和妈妈　《坚定的锡兵》思维导图

第六章　童话的教学案例　125

六年级　张宸嘉　《夜莺》思维导图

三年级　徐一航　《夜莺》思维导图

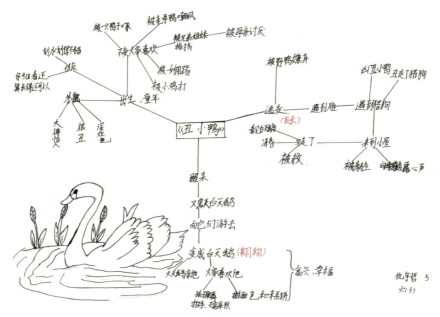

六年级　仇宇哲　《丑小鸭》情节图

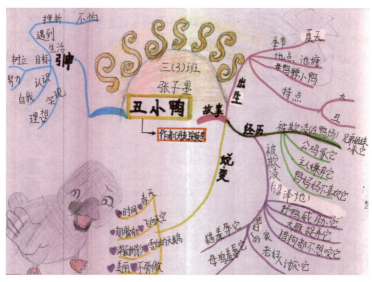

三年级　张子墨　《丑小鸭》思维导图

2. 讲述"支架"2——追问

（1）《海的女儿》为了获得"人形"受了哪些苦？如果想获得"不灭的灵魂"

第六章　童话的教学案例　127

必须怎么做？

（2）锡兵遭遇了哪些坎坷？

（3）夜莺的生活经历过怎样的变化？

（4）从"丑小鸭"变成"白天鹅"，经历了什么磨难？

（课堂中，可以任选一种方法。）

三、感悟形象，理解主题

话题：小人鱼、锡兵、夜莺和丑小鸭，你最喜欢谁？为什么？（自由回答，说说理由。）

预设：

1. 小人鱼

（1）小人鱼与姐姐们的不同。

> 在花园里，每一位小公主都有自己的一小块地方，在那上面她可以随意栽种。有的把自己的花坛布置得像**一条鲸鱼**；有的觉得最好把自己的花坛布置得像**一个小人鱼**。可是最年幼的那位却把自己的花坛布置得圆圆的，**像一轮太阳**，同时她也只种像太阳一样红的花朵。**她是一个古怪的孩子，不大爱讲话，总是静静地在想什么东西。**当别的姐妹们用她们从沉船里所获得的最奇异的东西来装饰她们的花园的时候，她除了栽种像高空的太阳一样艳红的花朵以外，**只愿意要一个美丽的大理石像**。这石像是一个美丽的男孩；它是用一块洁白的石头雕出来的，跟一条遭难的船一同沉到海底。她在这石像旁边种了**一株像玫瑰花那样红的垂柳**。……
>
> 她最大的乐趣是听些关于上面人类的世界的故事。她的老祖母不得不把自己所知道的关于船只和城市、人类和动物的知识点都讲给她听。……
>
> ……同时她是那么的沉默和富于深思。

> 她们渴望回到家里来。一个月左右以后，她们就说："究竟还是住在海里好——家里是多么舒服啊！"
>
> "啊，我多么希望我已经有十五岁了啊！"**她**说，"我知道我将会喜欢上面的世界，喜欢住在那个世界里的人们的。"
>
> 她渐渐地开始爱起人类来，渐渐地开始盼望能够生活在他们的中间。她觉得他们的世界比她的天地大得多。

（朗读片段，前后勾连，读懂伏笔；感悟小人鱼的性格古怪、沉默、富于深思，向往人类世界，热爱"人"这种高等动物。）

（2）不灭的灵魂。

①小人鱼为何执着地想成为人？仅仅是因为爱王子吗？（朗读海的女儿和祖母关于"灵魂"的对话，她想得到一个不灭的灵魂。）

②《海的女儿》的结尾部分有何寓意？（善良的行为可以获得一个不灭的灵魂）

这究竟是一条鱼的故事，还是一个人的故事？这是一个人的故事！这条想成为人的鱼，其实原本已经是真正意义上的人，而我们许多许多的人，实际上仍旧只是在禽兽状态里。他们自私、豪夺、屠杀，哪里是真正意义上的人呢？虽然他们早已没有尾巴。而这条童话里的深海之鱼，却是真真完成了人的生命进化的。她拒绝以伤害得到，可她却真正拥有了。她善良、理性，克制得那么浪漫。最后的生命泡沫，是多么灿烂的生命本身。她变成泡沫，但是她诞生了。那滔滔海水的翻滚，也是这二百多年对这个美丽故事阅读的最情愿的飞溅泪水。

——梅子涵《一个真正人的故事》

（3）这是怎样的小人鱼？（意志坚定、有抱负、有理想、不怕打击和挫折、美丽善良。）

2. 锡兵

（1）锡兵的坚定体现在哪里？到文中找出相应的句子，读一读。

这时只有两个人没有离开原位：一个是锡兵，一个是那位小小的舞蹈家。她直直地用她的脚尖立着，双臂外伸。他也是稳定地用一条腿站着的，他的眼睛一忽儿也没有离开她。

假如锡兵喊一声"我在这儿"的话，他们就看得见他了。不过他觉得自己既然穿着军服，高声大叫是不合礼节的。

纸船一上一下地颠着，有时它旋转得那么急，弄得锡兵的头都昏起来。可是他立得很牢，面色一点也不变；他肩上扛着毛瑟枪，眼睛向前看。

船一直冲到外面去。可怜的锡兵只有尽可能地把他的身体直直地挺起来。

谁也不能说，他曾经把眼皮动过一下。

啊，那里面是多黑暗啊！那比在水道里还要糟，而且空间是那么狭小！不过锡兵是坚定的。就是当他直直地躺下来的时候，还是紧紧地扛着毛瑟枪。

他觉得他的身体在慢慢地熔化，但是他仍然扛着枪，坚定地立着不动。

（2）锡兵的坚定除了体现在"军人"的品性上，还体现在哪里呢？（如果有孩子提到，就适当引导学生感悟锡兵对爱情的忠诚、至死不渝。）

3. 夜莺

（1）夜莺为哪些人歌唱过？谁能真正听懂夜莺的歌声？（引导孩子感悟夜莺是属于普通人民的，也只有他们能真正欣赏和理解它的歌声。）

（2）这只夜莺和人造夜莺相比，你更喜欢哪一个？为什么？

（3）这篇文章里，哪些地方有讽刺的意味，讽刺了什么？（联系具体语段，朗读体会统治阶级的愚蠢无知、庸俗腐朽。）

4. 丑小鸭

（1）母鸭眼里的"广阔的世界"和丑小鸭眼里的"广阔的世界"是一回事吗？

（2）你如何理解"只要你曾经在一只天鹅蛋里待过，就算你是生活在养鸭场里也没有什么关系"这句话。

（3）写作背景：《丑小鸭》这篇童话也收集在《新的童话》里。它是在安徒生心情不大好的时候写的。那时他有一个剧本《梨树上的雀子》在上演，像他当时写的许多其他的作品一样，它受到了不公正的批评。他在日记中说："写这个故事多少可以使我的心情好转一点。"……这篇童话一般都认为是安徒生的一篇自传，描写他童年和青年时代所遭受的苦难，他对美的追求和向往，以及他通过重重苦难后所得到的艺术创作上的成就和精神上的安慰。（叶君健）

（4）文中老太婆家的那只母鸡和雄猫有什么象征意味？

四、品味语言，朗读分享

朗读你喜欢的片段，初步体会安徒生童话语言的诗意、丰富、幽默和含蓄。

（这个环节可以渗透在上一个环节，也可以单独朗读分享。）

五、联系生平，阅读作品

安徒生的很多童话里都有他自己"生活"的影子，课后，请继续阅读《安徒生童话全集》，并联系《我的一生——安徒生回忆录》，也许，你会有新的发现和感悟。

【备注：本设计在上课时，可以根据学生情况，选择两篇或三篇进行讨论，上课节次等均可根据学生的年龄和阅读情况灵活处理。

传统语文教学，仅限于一个班级的学生与教师之间的对话共生，很少有更多的阅读主体加入。读书会聊书氛围宽松，如果加入不同身份、不同年龄、不同阅历的人，这样的对话共生会激荡出层层涟漪，产生意想不到的教学效果。因此，可以让三年级和更高年级的学生，以及学生家长、教师一起聊聊自己喜欢的安徒生童话，讲述一波三折的童话情节，感悟鲜明的人物形象，谈收获和启迪，朗读精彩片段，体会作家的童话风格。】

"小人型"童话群文阅读

· 教学目标 ·

（1）梳理童话情节，感知曲折生动的故事，探索"小人型"童话的情节密码。

（2）深入精读，感悟人物形象，领略人物背后的精神魅力，初步感受格林、安徒生和王尔德童话的不同风格。

· 适合年级 ·

三、四年级。

· 教学过程 ·

一、导入

（1）同学们，今天，我们来聊聊《大拇指》《拇指姑娘》和《公主的生日》这三篇童话。这几篇童话有什么共同特点呢？（简要说说，不深入探究。）

（2）根据提示，回忆相关内容。

三篇童话分析

人物	出生	身形	外貌	才能或特点	最初的生活
大拇指	穷苦农人的妻子生病了，七个月后生下他。	四肢齐全，全身只有拇指那么长。	眼里有一股灵活的神气。	聪明伶俐。	和爸爸妈妈生活在一起。
拇指姑娘	大米粒开出的郁金香中。	娇小，没有大拇指的一半长。	白嫩、可爱、美丽。	会唱歌，唱得温柔甜蜜。	睡在胡桃核里，垫子和被子都是花瓣。白天，在盘里一片很大的郁金香花瓣上玩耍。
小矮人	父亲是穷苦的烧炭夫。	驼背，罗圈儿腿，矮小。	丑陋、怪诞、可笑。	笑得自在快乐，知道很多奇妙的事情，会做小笼子，会做笛子吹奏音乐，知道每种鸟的叫声，熟悉每种动物留下的痕迹，了解风的踪迹，会舞蹈。	生活在环城的黄檗树林中。

二、梳理童话情节

（1）这三篇童话中的主人公经历都很曲折。拇指姑娘遇见了谁？（接龙说：**癞蛤蟆、小鱼、白蝴蝶、金龟子、田鼠、鼹鼠、燕子、安琪儿**）

她一次次"遇险",是如何一次次"脱险"的呢?(接龙讲述,相机补充板书。)

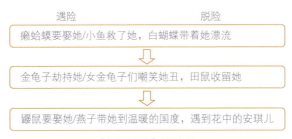

《拇指姑娘》情节图

(2)《格林童话》中,大拇指的经历也同样一波三折、扣人心弦,《王尔德童话》中的小矮人又有着怎样跌宕起伏的遭遇呢?(小组交流,尝试画情节图。)

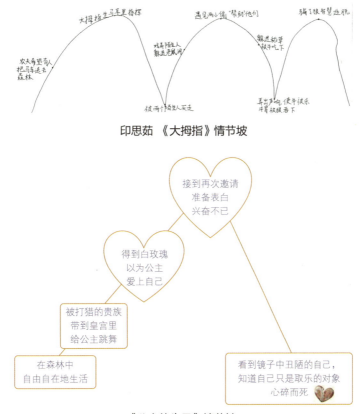

（3）对比三篇童话的不同结局。（大拇指和拇指姑娘的结局都很幸福，但小矮人的命运却很悲惨。）

三、感悟童话形象

这三篇童话的结局不同，跟主人公的性格特点息息相关。你最喜欢谁？为什么？

（1）聚焦重点语段，品悟人物形象。

不过她更为那只美丽的白蝴蝶难过。她已经把他紧紧地系在那片叶子上，如果他没有办法摆脱的话，就一定会饿死的。

"在夏天对我唱出那么美丽的歌的人也许就是他了，"她想，"他不知给了我多少快乐——他，这只亲爱的、美丽的鸟儿！"

不过拇指姑娘知道，如果她这样离开的话，田鼠就会感到痛苦的。
"不成，我不能离开！"拇指姑娘说。

这是拇指姑娘在什么情况下的所思所言，你觉得她具有怎样的品质？（善良、纯真、有爱心、知恩图报）

也许，这些美好品质就是拇指姑娘一次次脱险的"法宝"。

（2）拇指姑娘还有什么可贵之处呢？对比鼹鼠的家和拇指姑娘现在居住的地方，会有新的发现。

（鼹鼠的房间阴暗、漆黑、潮湿；而拇指姑娘居住在温暖的国度，这里浪漫、温馨，充满诗情画意。感受拇指姑娘对光明和自由的向往。）

（3）小矮人和大拇指的命运为何截然不同？小矮人悲剧结局的根本原因是什么？

大拇指：机智、勇敢。

小矮人：仁慈、单纯。

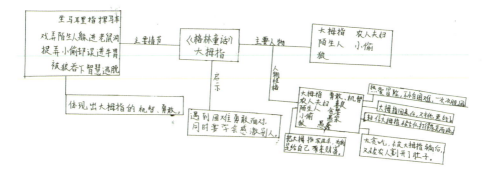

印思茹 《大拇指》思维导图

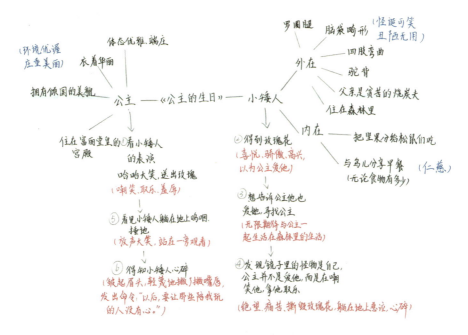

吕思漫 《公主的生日》思维导图

（引导关于外表与内在、公主与小矮人的对比，感受美与丑、善与恶，引发对小矮人的同情。同时，适当引导关注王尔德擅长运用对比的手法。）

（4）改写《公主的生日》的结局。

四、拓展

（1）进一步精读《格林童话》《安徒生童话》和《王尔德童话》，深入领略格林、安徒生和王尔德童话的不同风格。

（2）读读其他童话作家的作品，尝试从情节、人物、主题、表现方式、语言等方面，领略童话的魅力。

《稻草人》教学设计 | 叶圣陶著 上海文艺出版社 2018年6月版

·作品解读·

叶圣陶的《稻草人》（1923年11月，由商务印书馆出版）是中国现代文学史上第一部童话集。鲁迅说："《稻草人》是给中国的童话开了一条自己创作的路的。"单篇童话《稻草人》创作于1922年6月，写作视角独特，通过稻草人的所见所思，描写了20世纪20年代中国农村风雨飘摇的人间百态，展现了当时劳动人民的苦难。这个单篇，可以用精读的方式进行导读，激发孩子们阅读《稻草人》整本书的兴趣，同时，习得阅读童话的基本方法。

上海文艺出版社（2018年6月）的《稻草人》一书，共收录24篇童话。叶圣陶是当之无愧的"优秀的语言艺术家"，"要带着敬意赞颂他的完美而细腻的描写"（郑振铎语）。这本童话集，可以用最朴素的方式朗读给学生听，也可以让他们自己朗读内化，因为朗读是学习语文最好的方法。

《稻草人》和《格林童话》《安徒生童话》一样，都是"短篇童话集"，与课内单篇教学、课外中长篇童话教学有所不同。短篇童话集整本书交流有难度，可以提出普适性话题：这本书中，你最喜欢哪一篇？为什么？由此展开交流。但是，这样的讨论比较零散，不够聚焦，属于浅层次交流，适合日常闲聊。短篇童话集篇目众多，不同版本选文也有所不同，交流课上，不可能每一篇都涉及，必须精选几篇来讨论。这些篇目，可以由学生自主选择，也可以在教师主导下选择，最好的方式是——师生共同选择。

一般做法是在学生自主阅读后，展开问卷调查，把他们最喜欢的篇目和理由罗列出来研究。经验告诉我，大多数学生喜欢的都是清浅、充满趣味的篇目。对于稍有深度，有隐喻和象征意味的作品兴趣不大。自读时，有可能只关注情节，并没有读出个中意味，感受不到童话的真正魅力。

叶圣陶的早期童话作品较多描写理想世界，后期，较多描写现实世界。《一粒种子》《画眉》《稻草人》《古代英雄的石像》这几篇具有代表性的作品，恰好反映了叶圣陶童话写作风格的转变，可以组合起来讨论。"很多童话故事带着极深挚的成人的悲哀与极惨切的失望的呼喊"（郑振铎语）。要让三年级的学生体会文字背后的意蕴，对他们来说，是一种经验、认知和思维的挑战。这便是教师带领下的读书交流会的意义所在。

从主题来分，有一些篇目讽喻了现实，比如《地球》《富翁》《古代英雄的石像》《皇帝的新衣》《含羞草》《绝了种的人》《我要做一只木碗》，可以问一问学生，这些童话，分别讽刺了什么？《聪明的野牛》《乌龟和狐狸》《宝石案》《两个学生》《狮王》这几篇，则跟"智慧"有关，读过之后，可以引导学生思考：真正的智慧是什么？

《傻子》和《跛乞丐》这两篇童话的主人公有相似的特质——具有奉献精神。可以设计这样的话题：《傻子》中的他在什么情况下被叫作"傻子"？他做了哪些别人眼里的傻事？你认为他是一个怎样的人？他以后的人生会如何？《跛乞丐》中的他为何从一个"绿衣人"变成了一个"跛乞丐"？他和"傻子"有什么相同之处？读完《梧桐子》，想一想梧桐子离开妈妈后经历了什么？结果怎样？你从中得到了什么启示？

当然，整本书读书交流会在教学内容上并没有硬性规定，教师的视野和格局往往决定了课堂的疆域。这本童话集中的好多篇目也可以与其他文学作品进行比较阅读。比如，《稻草人》和《快乐王子》，《一粒种子》和图画书《安的种子》，《画眉》和安徒生的《夜莺》等，文本之间的比照和呼应，可有助于学生更好地理解作品意蕴。

·适合年级·

三年级到六年级。

·课前准备·

完成阅读单1。

《稻草人》导读课

·教学目标·

（1）转换角色，体会稻草人的心情变化，感悟稻草人的形象。
（2）经由稻草人的所见所思，感受那个时代底层人民的辛苦和悲伤。
（3）激发学生进一步自主阅读《稻草人》整本书的兴趣。

·教学过程·

一、聊天导入

同学们，你见过稻草人吗？它是什么样子的？你喜欢这样的稻草人吗？
今天，我们来聊聊叶圣陶的童话《稻草人》。

二、朗读品味，初步感悟稻草人形象

1. 外在特点

叶圣陶笔下的稻草人是什么样子的呢？

稻草人是农人亲手造的。他的骨架子是竹园里的细竹枝，他的肌肉、皮肤是隔年的黄稻草。破竹篮子、残荷叶都可以做他的帽子；帽子下面的脸平板板的，分不清哪里是鼻子，哪里是眼睛。他的手没有手指，却拿着一把破扇子——其实也不能算拿，不过用线拴住扇柄，挂在手上罢了。他的骨架子长得很，脚底下还有一段，农人把这一段插在田地中间的泥土里，他就整天整夜站在那里了。

指名朗读。思考：这是_____的稻草人。

2. 内在特点

这还是怎样的稻草人呢？

稻草人非常尽责任。要是拿牛跟他比，牛比他懒惰多了，有时躺在地上，抬起头看天。要是拿狗跟他比，狗比他顽皮多了，有时到处乱跑，累得主人四处去找寻。他从来不嫌烦，像牛那样躺着看天；也从来不贪玩，像狗那样到处乱跑。他安安静静地看着田地，手里的扇子轻轻摇动，赶走那些飞来的小雀，他们是来吃新结的稻穗的。他不吃饭，也不睡觉，就是坐下歇一歇也不肯，总是直挺挺地站在那里。

（1）自由朗读。思考：这是_____的稻草人。
（2）追问：作者用了什么方法，让我们感受到稻草人的尽责任？（对比）
仿说：要是拿_____跟他比，_____比他_____多了，有时_____。
（3）师生对读，感受稻草人的责任心。

三、角色转换，走进稻草人的内心世界

1. 欣赏夜晚的风景

夜晚的稻草人都看到了什么呢？

田野里夜间的风景和情形，只有稻草人知道得最清楚，也知道得最多。他知道露水怎么样凝在草叶上，露水的味道怎么样香甜；他知道星星怎么样眨眼，月亮怎么样笑；他知道夜间的田野怎么样沉静，花草树木怎么样酣睡；他知道小虫们怎么样你找我、我找你，蝴蝶们怎么样恋爱；总之，夜间的一切他都知道得清清楚楚。

（1）开火车朗读。

（2）转换人称朗读：将"他"变成"我"。

（3）仿说："我"还知道_____。

2. 目睹夜晚的悲剧

（1）稻草人除了看到夜晚如诗如画的美景，也看到了一幕幕人间悲剧，他经历了哪几件事？（指名回答）

预设：①农妇田里的稻叶被蛾子吃光；②渔妇半夜捕鱼；③女人跳河自杀。

（2）感受稻草人的心情变化。

①小组合作：选择其中一件事，再读一读，圈出描写稻草人心情变化的词语，可以用图表创意呈现。

②大组交流，板画稻草人的心情曲线。

③朗读触动心灵的语段，谈谈感受。

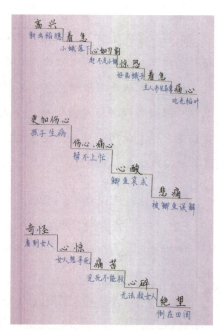

吕思漫 《稻草人》心情变化阶梯图

除了稻草人以外，没有一个人为稻子发愁。他恨不得一下子跳过去，把那灾害的根苗扑灭了；又恨不得托风带个信，叫主人快快来铲除灾害。他的身体本来很瘦弱，现在怀着愁闷，更显得憔悴了，连站直的劲儿也不再有，只是斜着肩，弯着腰，好像害了病似的。

如果他能走，他一定立刻照着他的心愿做；但是不幸，他的身体跟树木一个样，定在泥土里，连半步也不能动。他没有法子，越想越伤心，哭得更痛心了。

他恨自己，不该像树木一样定在泥土里，连半步也不能动。见死不救不是罪恶吗？自己就正在犯着这种罪恶。这真是比死还难受的痛苦哇！"天哪，快亮吧，农人们快起来吧！鸟儿快飞去报信吧！风快吹散她寻死的念头吧！"他这样默默地祈祷；可是四围还是黑洞洞的，也没有一丝儿声音。他心碎了，怕看又不能不看，就胆怯地死盯着站在河边的黑影。

（联系生活经验，感受"稻草人"不能动的特点，体悟童话基于现实，符合现实逻辑的想象特性，体会"稻草人"内心的无奈和绝望。）

④这是怎样的稻草人？（善良、有同情心）

四、探究童话主题

这节课，我们和立在田野里的稻草人一起，目睹了这一幕幕人间悲剧，此刻，你的心情如何？为什么？

（引导学生体会老妇人、渔妇、被迫投河的弱女子这三个社会下层妇女的悲惨命运。根据学生回答情况，适当联系写作背景：19世纪末20世纪初，转型时期的中国社会正经历着帝国主义入侵、国内军阀混战所带来的阵痛，国家危亡、民不聊生。）

五、推介阅读

初级版：读一读《稻草人》这本童话集。

进阶版：有兴趣的还可以读一读《王尔德童话》，并思考《快乐王子》和

《稻草人》有什么相似之处，又有什么不同？

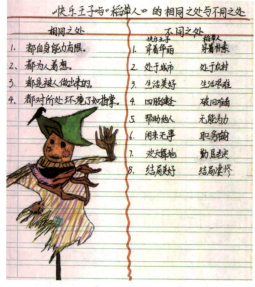

张宸嘉　《快乐王子》《稻草人》对比阅读

《稻草人》交流课

· 教学目标 ·

（1）聚焦重点篇目《一粒种子》《画眉》，梳理作品主要内容，尝试讲述。

（2）比较阅读，初步感知叶圣陶童话创作风格从理想主义到现实主义的转变。

· 教学过程 ·

一、导入

同学们，今天，我们来交流《稻草人》这本童话集（出示几种不同的封面图）。

这些书中的童话选篇略有不同,你最喜欢哪一篇,为什么?

二、梳理情节

这节课,我们重点来交流《一粒种子》《画眉》这两篇童话,请根据提示,开火车简要回顾童话情节。

(1)这粒种子遇到了哪些人?受到了怎样的对待?结果怎么样?

(2)画眉曾经为哪些人歌唱?他的心境有什么变化?

三、深入精读

(1)为什么国王、富翁、商人、士兵付出了很多心血,也没能让这粒种子发芽,而农夫却做到了呢?(讨论对于不同主人,这粒种子的象征意义。)

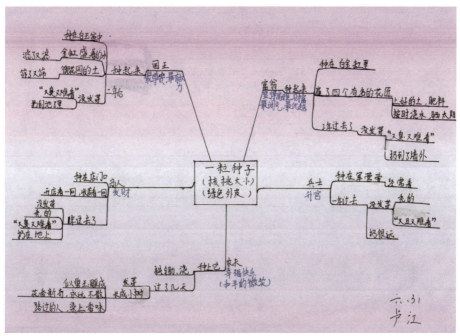

六年级　卢江　《一粒种子》思维导图

（2）画眉唱歌的意义和趣味究竟是什么？这篇童话中，哪句话传达了作者想表达的深刻含义，请找出来读一读。

它唱，是为自己，是为值得自己关心的一切不幸的东西、不幸的事儿。它永远不再为某一个人或某几个的高兴而唱了。

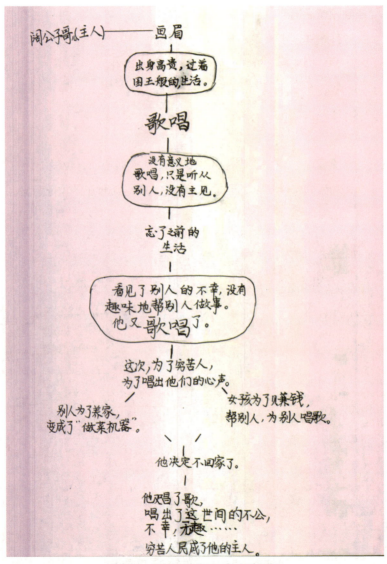

六年级　张宸嘉　《画眉》思维导图

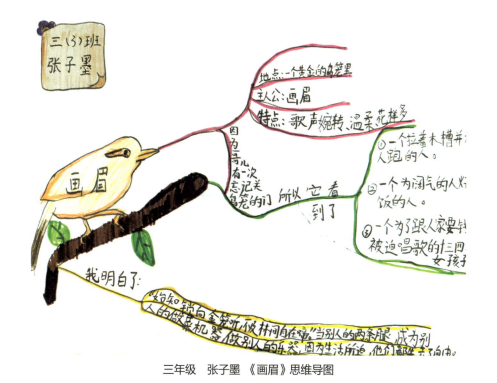

三年级 张子墨 《画眉》思维导图

（3）品味语言。

叶圣陶是"优秀的语言艺术家"，著名作家郑振铎说，要带着敬意赞颂叶圣陶的完美而细腻的描写。这篇童话里，有很多描写细腻、充满想象力的语段，找出来读一读，说说你的感受。

（4）练习讲述。

借助思维导图，尝试把这两个故事讲述给别人听，别忘了分享你获得的启迪。

四、比较阅读

（1）《一粒种子》《画眉》所描写的事情，与《稻草人》这篇童话有什么不同？（引导学生初步感受叶圣陶童话创作风格从早期"理想世界"到后期"现实世界"的转变。）

第六章 童话的教学案例 145

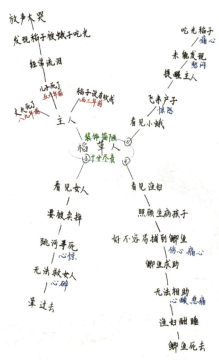

六年级　吕思漫　《稻草人》思维导图

（2）叶圣陶的《画眉》和安徒生的《夜莺》有什么相通之处？

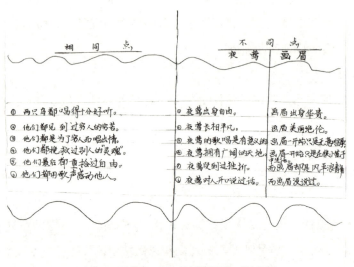

六年级　张宸嘉　《夜莺》《画眉》对比阅读

五、拓展

再次深入阅读《稻草人》中的其他篇目，找到可以组合讨论的篇目，尝试设计几道讨论题考考你的小伙伴。

情节与形象
——《稻草人》阅读单
❶

一、梳理童话情节

稻草人在夜间遇见了哪几件事？尝试概括并写下来；关注稻草人的心情变化，圈画重点词，可以在字里行间简要批注自己的感受。

稻草人遇见的人，发生的事	我的感受
1.	
2.	
3.	

二、感悟稻草人形象

（1）阅读《稻草人》这篇童话，朗读并摘抄描写稻草人样子的语段，也可以画一画你想象中的稻草人形象。

（2）多角度思考：这是一个怎样的稻草人？可以批注在书中相应的文字旁边。

比较阅读
——《稻草人》阅读单
❷

读一读王尔德的《快乐王子》,并与《稻草人》比较,你有什么发现?

题　目	相同点	不同点
稻草人		
快乐王子		

(友情提醒:可以自己阅读比较,也可以在家长或老师的协助下,从主题、人物、叙事模式、语言、中西方文化背景等角度,深入细读,对比发现。)

比较阅读
——《稻草人》阅读单
❸

(1)比较阅读,完成表格。

题　目	中心事件	PK 对象	结　果	我的发现
狮王	成为"狮王"	驴子、狮子	驴子成为狮王	
聪明的野牛				
乌龟和狐狸				
宝石案				
两个学生				

（2）学习范例（如下图），画一画《聪明的野牛》《乌龟和狐狸》《宝石案》《两个学生》的情节图。

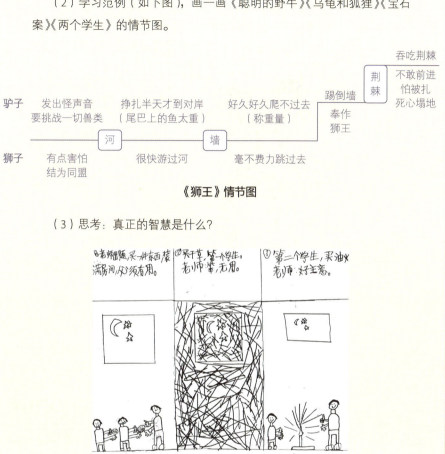

《狮王》情节图

（3）思考：真正的智慧是什么？

三年级　苏陈锜　《两个学生》图文笔记

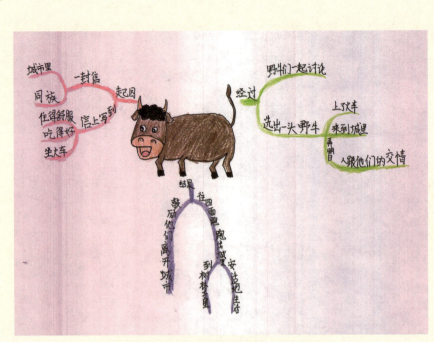

三年级　陈默心　《聪明的野牛》思维导图

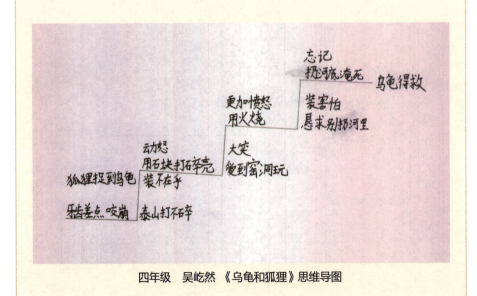

四年级　吴屹然　《乌龟和狐狸》思维导图

四年级　吴屹然　《乌龟和狐狸》思维导图

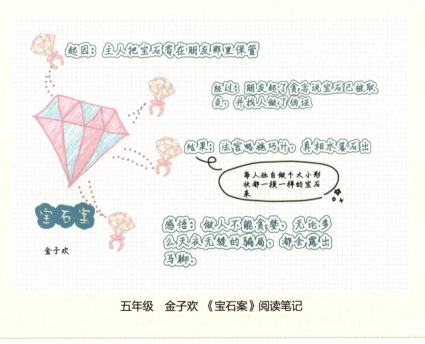

五年级　金子欢　《宝石案》阅读笔记

第六章　童话的教学案例

·第四节· 中篇童话教学·

| 《我想养一只鸭子》教学设计 | 陈诗哥著
山东文艺出版社
2020年8月版 |

·作品解读·

《我想养一只鸭子》是儿童文学作家陈诗哥的作品，是一个梦幻又充满哲学趣味的童话，越读越觉得魅力无穷。

这本书的魔力之一，是好玩又诗意的语言。

书中有太多好玩的语言，像极了小朋友的喋喋不休。这本书里还有很多充满画面感的诗意语言。比如，当鸭子终于找到自己喜欢的名字时："那种感觉就像吃下了巧克力，就像吃下了大白兔奶糖，就像吃下了定心丸……所以，他的心里既甜蜜，又热烈，又安静。"

一个作家居然能够把情绪写得如此美妙，令人回味，仿佛能看得见，有味道，甚至可以触摸。

这本书的魔力之二，是写实又奇妙的想象。

这想象充满天真、灵性、自由，是活泼的、生动的……世界的起源是什么样子的呢？是不是像神话里写的那样，开始一片混沌，后来，盘古开天辟地，化身万物？在这本书中，小鸭子就是一个造物主，他创造了世界，并给万物命名。

这本书的魔力之三,是清浅又深刻的思考。

灰色鸭子看到那么多小鸭子从蛋壳里出来时,陷入了沉思:

我是从哪里来的呢?
也是从一只蛋里出来的吗?
如果是的话,那么,那只蛋又是从哪里来的呢?
是从一只鸭子那儿来的吗?
那么,那只鸭子又是从哪里来的呢?
是从一只蛋里出来的吗?
那么……

每一只小鸭子都叫得声嘶力竭,对世界、对自己也有很多疑问:

我怎么来到这里啦?
如果不来到这里,我又会去哪里呢?
这世界为什么是这样,而不是那样的呢?
哎呀,这是我的翅膀、我的脚吗?
我是用嘴巴说话吗?
天哪,我竟然有一个屁股!太神奇了!
你们是谁,为什么跟我长得那么像呢?
我为什么会呱呱叫?

人类是从哪里来?宇宙的一切是如何开始的?当我们开始追问,开始思考,开始探索,我们便会发现很多很多的奥秘。拥有好奇心,保持纯真,相信童话,会拥有诗意、闪光的日子。

带领孩子阅读这本书,就是要激发他们的好奇心、想象力和创造力。每个孩子都是天生的诗人和哲学家。

《我想养一只鸭子》获得了很多大奖,其中一份颁奖词是这样写的:

该作堪称"无意义"童话的典范，甚至比安徒生《小意达的花儿》放得更开，走得更远。如天马行空，如云雀鸣空，这是灵机的怒放，想象力的欢歌。在这样的天籁面前，"意义"显得何其拘谨而苍白！

当然，解读到的这些不一定全都带给二年级的孩子，但教师在进行文本解读时，一定要读懂，读透，读出文字背后的意味。

· 适合年级 ·

二年级。

《我想养一只鸭子》导读课

· 教学目标 ·

（1）通过大声读、讲述等方式串联故事主要内容，激发学生自主阅读的兴趣。

（2）学习作者表达情感的方法，感悟作品的语言魅力；初步感知陈诗哥童话的趣味、诗意。

（3）学习制订阅读计划。

· 教学过程 ·

一、"鸭"字开花，导入课题

小朋友们，我们来玩一个生字开花的游戏。（板书"鸭"）看到这个字，你想到了哪些词？

这节课，我们来聊聊一本特别的书《我想养一只鸭子》。

二、看看目录，激发兴趣

这是一个非常非常好玩的故事，瞧，目录也很有意思！

鸭头	1	鸭翅	50
鸭脖	5	鸭蛋	64
鸭心	12	鸭毛	83
鸭背	19	鸭脚	103
鸭肚	36	鸭尾巴	108

你对哪个章节最感兴趣？为什么？

三、朗读片段，互动激趣

1. 太初有鸭

其实啊，这只鸭子的故事，是从"鸭脖"这一章开始的——

从前，有一只鸭子。只有一只鸭子。他还不知道自己是鸭子。

他看看四周。四周是空荡荡的，什么也没有。没有花。没有草。没有树。没有风。没有雨。没有光。他甚至看不见自己的影子。世界是灰蒙蒙的一片。

他想说点什么话。

于是，他张开嘴巴，说："太初有呀……有呀……"

但是，有什么呢？

他犹豫了一下。他说不出来，只是"有呀……有呀……"地说。那时候，万事万物都还没有名字呢。

应该说，那时候还没有万事万物。除了鸭子。

他说了很久，但就是说不出一个字。

仿佛有些什么东西卡在他的喉咙，他的脖子都快要喘不过气来了。他憋得满脸通红，都快要晕过去了。

终于有一次，他说出口了，虽然说得结结巴巴的——

他说:"太初有……鸭。"

你们觉得当他终于找到自己喜欢的名字时,心情是怎样的吗?(指名回答)(出示)

再说鸭子吧,他手舞足蹈,他呱呱乱叫,他就想开开心心地哭……
是啊,他找到了自己喜欢的名字,还有什么比这更重要的吗?
那种感觉就像吃下了巧克力,就像吃下了大白兔奶糖,就像吃下了定心丸……所以,他的心里既甜蜜,又热烈,又安静。

(1)指名读,感受鸭子的快乐。
第一句,通过动作描写,刻画出鸭子的开心。
第三句,通过比喻、排比的方式,描写鸭子心里的甜蜜。
(2)自由读,读出鸭子的快乐和甜蜜。
(3)开火车说说你什么时候最快乐,那是什么感觉。最好能用上这样的句式。

2. 认识自己

那时候,整个世界白茫茫一片。鸭子睡了一觉醒来,惊奇地发现,世界有了各种各样的颜色。鸭子还梦见了很多很多东西,你想看到的、想到的这个世界上拥有的所有东西。

鸭子看见了太阳,像一枚圆圆的蛋黄一样的太阳,照得他浑身暖融融的,心都要融化了。

他爬过高山,进过森林,也曾想飞到天上,最后,他发现了一口小小的池塘,兴奋得发出了"呱呱"的叫声。

(开火车读)

到了池塘里,他并没有沉下去,而是惊讶地发现,自己竟自然而然地就会在水面上浮游。于是,他游了一圈又一圈,一圈又一圈,一圈又一圈……

呱,真爽。

呱呱,真爽真爽。

一个偶然的机会，因为好奇吧，他把头探到水底下，想看看水底下的世界。

他原以为他会呛水……

不过，一点儿事都没有。

从此，他发现自己可以潜水，而且是潜水高手。

这让他太惊喜了。

他还发现，水下的世界真是太美妙了。

水草在水里轻柔地荡漾，水里有各种小鱼游来游去，阳光打在水里变得扭扭歪歪的，水里闪烁着奇特的光芒……

总之，这些比他在梦里看到的还要美！于是，他从水面钻进钻出，一次又一次，一次又一次，一次又一次……

"嗨，还有比这更好玩的吗？"他大声说道。

就这样，他知道了自己的叫声。

此外，他还知道了自己喜欢水，更喜欢水里那些可口的小鱼。

亲爱的孩子们，读到这里，你最想说什么？

这只小鸭子就像我们自己，从不会说话，不会走路，什么都不认识，什么都好奇，到慢慢地学会很多，慢慢了解自己，认识自己。

3. 遇见伙伴

这只小鸭子，每天都在小池塘里游来游去，在水里潜来潜去。他很自豪，感觉自己就像一艘舰船，他也梦想去很远的地方，譬如大海。他突然觉得有点无聊了，而且，越来越孤单，就像被一个黑洞包裹着……

后来啊，他遇见了小鸡、小水牛，遇到了玫瑰，遇到了很多其他事物，鸭子都给他们起了恰当的名字。因为鸭子肚子里装满了智慧。

鸭子拥有了许多朋友，他们在一起玩得很开心。但是，他还是隐隐觉得：好像缺了什么。直到有一天，他遇见了另一只鸭子，她很美，比玫瑰还美。他把自己称为"灰色"，把她称为"白色"。

灰色鸭子向白色鸭子介绍了他的朋友们：小鸡、小鹅、大水牛、小狗、青草、玫瑰花、柳树，还有一条滑溜溜的鼻涕虫……

然后呢，他们一起玩。当然玩得很开心了。不过有时候，灰色鸭子会单独和白色鸭子在一起。他们在池塘边散步，在池塘里游泳，捉虫子吃。

"这样的时刻是最美的，"灰色鸭子心里这样想，"比黄昏时欣赏落日更美，比坐在地上欣赏玫瑰更……"

灰色鸭子还有一种感觉：尽管他用翅膀无法飞起来，但是此刻的心情，就像在天上飞翔一般。

（1）指名朗读，说说写了什么?

（2）领读。此刻的灰色鸭子是什么心情？重点品读最后两段，感受表达的美妙，学习表达情感的写法。

（3）自由练读。

（4）指名读。

（5）表演读。

小结：孩子们，陈诗哥的童话就像一个语言的魔方。他用精妙的文字，把鸭子的情感生动形象地表现了出来，让人读来感同身受，印象深刻。这比我们直白地表达"我很开心""我有点难过"要出彩多了。如果让你写难过，或者其他情绪，你会如何表达呢?

四、推介阅读，制订计划

两只鸭子从此过上幸福生活了吗？读一读陈诗哥的这本《我想养一只鸭子》，还有更有趣的情节，更多美妙的句子等着你哦。为了更好地完成阅读任务，制订一个阅读计划吧!

《我想养一只鸭子》交流课

· 教学目标 ·

（1）尝试梳理作品主要内容，学习讲故事。

(2)感悟鸭子形象,感悟鸭子和世界的不断成长变化,领略陈诗哥童话的魅力。

·教学过程·

一、开门见山,简单导入

小朋友们,今天,我们继续来讨论陈诗哥的童话《我想养一只鸭子》。

二、回顾故事,整体感知

1. 内容连连看

这本书的目录很有意思,都是跟"鸭"有关的词。但是,每个章节分别写了什么,好像不大看得出来。你能根据印象,把章节题目和描写内容连一连吗?如果回忆不起来,也可以迅速翻翻书。

(正确的顺序)

鸭脖	太初有鸭
鸭心	梦见万物
鸭背	认识自己
鸭肚	结识朋友
鸭翅	遇见白鸭
鸭蛋	孵出小鸭
鸭毛	幸福生活

2. 梳理全书结构

《我想养一只鸭子》是一个神奇的故事,故事里套着故事,你读懂了吗?

(1)第一章"鸭头":"我"想养一只鸭子,所以写了一个鸭子的故事;

(2)第二章到第八章:在故事里,鸭子创造了世间万物,包括作家,最后鸭子也想养一个作家;

（3）第九章到第十章："我"和鸭子是相互驯养的关系。

（这个环节有一定难度，如果学生暂时不能整体感知结构特点，不要强求。）

三、话题讨论，抵达主题

1. 鸭子创世

（1）鸭子与这个世界有什么关系？

太初有鸭，鸭子创世。鸭子不断变化，不断成长，这个世界也在不断发展、变化。

（2）梳理鸭子和世界的变化。

（根据插图或具体片段，引导学生回忆、梳理，感受鸭子的变化和世界的变化是交织在一起的。根据学情，可以进一步引导发现这种变化是从具象到抽象，从有形到无形的。）

鸭子和世界的变化

鸭子的变化	世界的变化
不知道自己是鸭子。	四周是空荡荡的……世界是灰蒙蒙的一片。
遇到了喜欢的名字。	什么都没有。整个世界，白茫茫的一片。
睡觉也是好玩的事。	梦里，世界有了五彩缤纷的颜色。
发现有一双翅膀，发出响亮的声音，可以游泳和潜水。	有了太阳、云、高山、森林、池塘……
遇到了小鸡，有了许多朋友。	出现了小鸡、大水牛、玫瑰、小狗、蜗牛、人等其他事物（引导感受世界充满生机，充满欢声笑语）。
和白色鸭子结婚。	幸福、和谐，充满爱。
拥有了十二个宝贝。	
给十二个宝贝定规矩。	

小结：当鸭子不知道自己是谁时，世界一片混沌；当鸭子有了自己的伴侣和家人时，世界充满了爱……

2. 感悟形象

读完整本书,你觉得这是一只怎样的鸭子?

预设:有趣、不断学习、有好奇心、不断发现、善于思考……

3. 关于"驯养"

(1)追问:作者为什么想"养"一只鸭子?

(这个问题有一定的难度,充分尊重学生的见解,适当引导:用孩子们养小狗、小猫、蚕宝宝等例子,点明"养"是建立感情联系,理解人与动物的相互陪伴、给予关爱、彼此驯养……)

(2)拓展:这本书,这节课,关于"养"字的意思,其实很丰富。

①灰色鸭子和白色鸭子之间的驯养;

②鸭子和万物之间的驯养;

③小鸭子和爸爸妈妈之间的驯养;

④鸭子和作家之间的驯养;

⑤学生和书之间的驯养;

⑥老师和学生之间的"驯养"。

小结:读完这本书,我们认识了一只有意思的鸭子,感受到鸭子不断成长变化,世界也跟着不断变化,懂得了爱和陪伴,会让这个世界变得更美好。

四、推介阅读

陈诗哥是国内首位获得中国儿童文学最高奖的80后作家。他写了很多像《我想养一只鸭子》一样好玩的童话作品,比如《牛粪书》《童话之书》《一个迷路时才遇见的国家和一群清醒时做梦的梦想家》等,再去找几本读一读吧!

我会制订阅读计划
——《我想养一只鸭子》阅读单

❶

你准备几天读完这本书呢？请在这幅图上做标记。

我会概括
——《我想养一只鸭子》阅读单

❷

这本书的每个章节分别写了什么呢？自己想一想，或者和家人一起讨论讨论，然后简要写下来。

章节名称	主要内容（谁干了什么）	喜欢程度
鸭头		☆☆☆☆☆
鸭脖		☆☆☆☆☆
鸭心		☆☆☆☆☆
鸭背		☆☆☆☆☆
鸭肚		☆☆☆☆☆
鸭翅		☆☆☆☆☆
鸭蛋		☆☆☆☆☆
鸭毛		☆☆☆☆☆
鸭脚		☆☆☆☆☆
鸭尾巴		☆☆☆☆☆

我会思考

——《我想养一只鸭子》阅读单

❸

（1）读完这本书，我觉得这是一只_____的鸭子。

（2）我最想提的问题是_____

_____。

我会想象

——《我想养一只鸭子》阅读单

❹

　　这本书用诗一样的语言，描写了很多美好的画面，你在阅读的时候，留意了哪些句子？边读边想，你仿佛看到了什么画面？尝试抄一抄，画一画吧！

_____

_____

_____

——摘自《　　　》

我想象的画面：

第六章　童话的教学案例

读 写 绘
——我来写"童话"

你想养什么呢?(植物、动物,现实生活中的、想象中的都可以哦)

它会是什么样子?想象一下,画下来。

再展开想象,想想你们之间会发生什么事,简要写一写。

或者,你已经养了什么"宠物"?

它是什么样子的呢?画一画。

再回忆一下,你和它之间最难忘的事,选择一两件写一写。

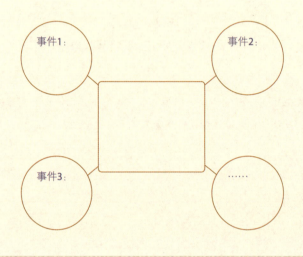

第五节 长篇童话教学

《木偶奇遇记》交流课教学设计

[意]卡洛·科洛迪 著
任溶溶 译
四川文艺出版社
2020年9月版

作品解读

《木偶奇遇记》是我为女儿朗读的第一本长篇童话作品,当时她四岁。如今,十几年过去了,书中的具体描写早已淡忘。2021年夏天,当我重读这本书,还是被深深吸引和打动了。

林良先生称《木偶奇遇记》采用的是"主角带着故事跑"的叙述方式。主角带着故事跑,读者跟着主角跑,好像彼此都忘了什么叫"故事结构"。四川文艺出版社(2020年9月)出版的这本《木偶奇遇记》没有目录,共36个章节,每个章节下面用一句话概括了本章的主要内容。为了方便回顾作品内容,可以让学生自己设计目录,每

《木偶奇遇记》目录

1 木头说话	2 木匠杰佩托	3 木偶诞生
4 说话的蟋蟀	5 肚子饿了	6 冬夜讨饭
7 父亲回家	8 识字课本	9 买票看戏
10 戏院大乱	11 戏院逃生	12 猫狐骗子
13 红虾旅馆	14 遇到强盗	15 吊在树上
16 仙女救人	17 鼻子长了	18 种金币
19 金币被偷	20 路遇毒蛇	21 替狗看家
22 立功被放	23 跳海救父	24 找到仙女
25 保证学好	26 看望鲨	27 打架被抓
28 当鱼炸	29 即将圆梦	30 小灯芯
31 玩儿国	32 上当变驴	33 驴子皮诺乔
34 进入鲨口	35 救父逃生	36 真正的孩子

三年级 凌陈锜 《木偶奇遇记》目录设计

读完一章，用小标题概括本章内容，写在前面的空白页上，人物、事情、地点、重要物品等均可以作为小标题。

四年级　吴恩远　《木偶奇遇记》目录设计

三年级　陈默心　《木偶奇遇记》目录设计

在整本书阅读中，目录起到非常大的作用。长篇童话篇幅较长，初读时，容易被跌宕起伏的情节吸引，浮光掠影读完之后，只记得一些零碎的情节，对整本书缺乏整体感知。借助目录，可以回忆主人公遇见的人，经历的事，从而梳理出故事脉络。有心的读者还可以在目录上批注人物特点，在影响主人公成长的关键事件和关键人物上做记号。

皮诺乔是个让人爱恨交加的顽童形象。他任性、淘气、懒惰、爱说谎、不关心他人、不爱学习、整天只想着玩，但他的内心非常善良，极富同情心，有时表现得勇敢、忠诚，经历了一系列波折，他变得懂礼貌、爱学习、勤奋工作、孝敬长辈、关爱他人，成为一个真正的男孩。

这本书非常有趣，想象力实在是太丰富了，常常读得乐不可支，渴望朗读出声与他人分享。

蛇看见木偶头朝下，两脚用难以想象的速度踢来踢去，就扭啊扭地狂笑起来，笑啊，笑啊，笑啊，最后笑得太厉害，肚子上的一根静脉竟断掉了，这回她真的死啦。

它比一座五层大楼还高，嘴巴又大又深，一下子可以开进去整整一列火车，再加上冒烟的火车头。

卡洛·科洛迪善用比喻和夸张，语言幽默诙谐，充满画面感。任溶溶的翻译非常出彩，读来令人心醉神迷。

为了让三年级学生学会自主阅读的方法，教师可以采用带读方式，陪伴孩子挖掘每章的"闪光点"，让他们练就一双火眼金睛。比如，第一章有几处生动鲜活的语段：

这位老木匠名叫安东尼奥，大伙儿却管他叫樱桃师傅。叫他樱桃师傅，因为他的鼻尖红得发紫，再加上亮光光的，活像一个熟透了的樱桃。

这回樱桃师傅当真愣住了，眼睛吓得鼓了出来，嘴巴张得老大，舌头拖到下巴，活像喷水池里的妖怪的石头像。

可怜的樱桃师傅这一回活像遭了雷打，扑通一声倒了下来。等他重新张开眼睛，只见自己坐在地上。

他脸都变了色,一向红得发紫的鼻尖,这会儿都吓得发青了。

作者抓住樱桃师傅的神态、动作,把他的惊讶,甚至惊吓写得淋漓尽致。像这样生动形象的句子在作品中比比皆是,自读的时候,可以做上记号,朗读品味。

这本童话借助童话角色之口,传达了很多宝贵的人生经验。

蟋蟀说:"孩子不听父母的话,任意离开家,到头来绝不会有好结果!他们在这个世界上要倒霉,迟早会后悔的。""人家说什么一夜之间就可以发财致富,我的孩子,你可别信。他们那种人通常不是疯子就是骗子!""你要记住,任性的孩子早晚要后悔的。"

鹦鹉说:"如今我确信,要正直地挣到一点钱,必须懂得用自己的手劳动,或者用自己的头脑思索。"

萤火虫说:"我的孩子,饿不能作为占有别人东西的充分理由……"

仙女说:"好孩子听话,好孩子爱读书爱干活,好孩子向来说真话……""一个人不管生下来是穷是富,在这个世界上都得做点事,干上一行,都要劳动。懒惰没有好结果!懒惰是一种最坏的毛病,必须马上从小治好。要不,长大就再也治不好了!"

杰佩托说:"我的小宝贝,在这个世界上,咱们永远不知道会遇到什么事情。什么事情都会有。"

拉煤的人说:"我的孩子,如果你真觉得太饿了,你就切两大片你的骄傲来吃吧,可留神别吃撑了肚子。"

狗说:"善有善报。要知道,在这个世界上大家应该互相帮助。"

这样的大道理看似说教味特别浓,但是,在童话情境中,却让人特别容易感同身受。《木偶奇遇记》集童话性、儿童性、幻想性和现实性于一身,以童话的方式鞭挞丑恶。作者借鉴民间童话的幽默、谐趣、讽刺,成功突破了意大利"教育童话"醉心于训诲的模式,但依然是一部地道的教育童话。他用艺术的方式,完成了童话的教育使命。

·教学目标·

（1）感受童话神奇的想象。

（2）多角度感悟皮诺乔形象，厘清人物的转变及其原因。

（3）联结自我，从童话人物身上汲取成长的力量。

·适合年级·

三年级。

·教学过程·

一、导入

这节课，我们来聊聊《木偶奇遇记》这本书。

二、感受神奇

读完这本书，你觉得最神奇最有趣的是哪些地方？（指名发言，根据学生的回答，从人物、情节、语言等角度引导提升，感受童话想象的神奇。）

三、深入精读

皮诺乔是一个怎样的木偶？（指名回答，有理有据，感受人物的多面性，根据学生回答，分栏板书，对比皮诺乔的转变。）

	皮诺乔的转变	
任性、淘气、懒惰、爱说谎、不关心他人、不爱学习、整天只想着玩、轻信他人……	⬇	善良、有同情心、勇敢、诚实、懂礼貌、爱学习、勤奋工作、孝敬长辈、关爱他人……

是什么促使他变成了一个"真正的男孩"？他是如何慢慢转变的？

（1）借助目录，回忆皮诺乔生命中的关键人物和关键事件，在皮诺乔发生转变的章节标上"★"。

《木偶奇遇记》目录		
1. 会说话的木头	13. 红虾旅馆	25. 想要变成一个真正的人
2. "老玉米糊"	14. 两个强盗	26. 上学
3. 皮诺乔的恶作剧	15. 吊"死"	27. 打架
4. 会说话的蟋蟀	16. 善良的仙女	28. 落入渔网
5. "煎鸡蛋"飞走了	17. 鼻子长长了	29. 全校第一名★
6. 双脚烧成灰	18. 种金币	30. 玩儿国
7. 吃梨	19. 坐牢★	31. 疯玩五个月
8. 冲动的良心★	20. 笑死一条蛇	32. 真正的驴子
9. 卖掉新课本	21. 守夜"狗"★	33. 驴子演员
10. 木偶戏班班主	22. 重获自由	34. 鱼和渔人的魔王
11. 勇救花衣小丑	23. 救爸爸	35. 重逢
12. 五个金币	24. 重遇小仙女	36. 真正的孩子

（2）交流。

① "爸爸妈妈"的爱。

"爸爸"卖衣服买课本、不辞辛苦寻找他，给他最深厚的爱；"妈妈"爱他，宽容他，他快被吊死时救他、勤劳蜜蜂国饥饿乞讨时给他吃的、给他金币。（爱和宽容，让我们变得更好。）

②人生中的挫折和教训。

金币被骗、含冤坐牢、当守夜狗、贪玩变驴。（窘境，让他懂得反思，远离邪恶的人。）

③他人的忠告。

蟋蟀等多次劝告他。（具体内容见"文本解读"部分）

④自身的优点。

勇救花衣小丑、忠诚看护获得自由、救落水狗、救爸爸、孝敬爸爸。（善良、勇敢、忠诚、孝心……让我们成为更好的人。）

凌陈锜 《木偶奇遇记》表格式梳理

人	事	对皮诺乔的影响
木匠杰佩托	创造皮诺乔	给予生命
	早餐梨全给皮诺乔	父爱
	卖衣换书	父爱，学习知识
	出海寻找皮诺乔	父爱
会说话的蟋蟀	猫狐骗种金币，给忠告	认清事情真相
	最后皮诺乔和父亲没东西吃，指明方向，去姜焦农场	学会劳动，读书，自食其力
猫狐骗子	种金币	不能指望种金币一夜暴富
	假善人装残疾	抢来的钱不会致富
仙女	救过皮诺乔	关爱
	送他上学	母爱
	告诉他如何变成真正的孩子	指明人生方向
农夫	让皮诺乔当看门狗，后又放走	奖励木偶的诚实守信
坏孩子们	骗皮诺乔，逃学打架被警察抓走	不能跟那些坏孩子在一起玩
小灯芯	去玩儿国玩，变成了驴被卖做苦力	人要好学

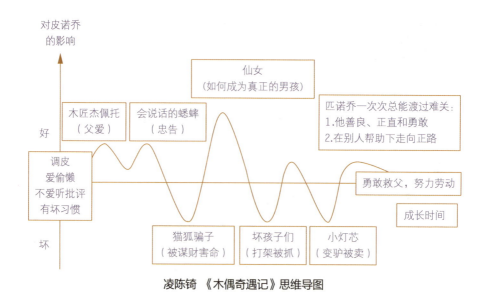

凌陈锜 《木偶奇遇记》思维导图

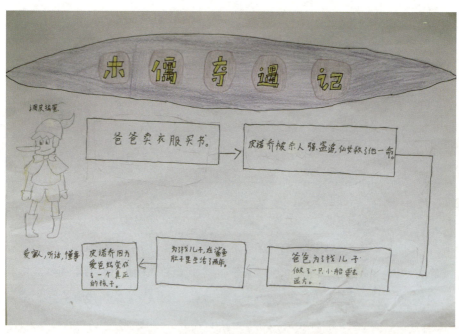

四年级 吴恩远 《木偶奇遇记》思维导图

三年级 陈默心 《木偶奇遇记》思维导图

（3）朗读重点句子，体会人物心理。

他那颗良心不由得一阵冲动，就扑上去抱住杰佩托的脖子，在他的整个脸上到处亲吻。（杰佩托卖掉短上衣换课本）

我遭多少殃啊……这是活该，因为我是个犟头倔脑的木头人……我任意妄为，对于爱我和比我聪明千倍的人说的话，我一点都不听……可从今往后，我决心改邪归正，做一个老实听话的孩子……如今我看清楚了，不听话的孩子要倒大霉。（当守夜"狗"）

我现在要变成人，跟所有人一样的人。我要学习，我要干活，您对我怎么说我就怎么做，一句话，木偶的生活我过腻了，我无论如何要变成一个孩子。（重遇"仙女妈妈"）

当我是个木偶的时候，我是多么滑稽可笑啊！如今我变成了个真正的孩子，我又是多么高兴啊！（变成真正的孩子）

读了这本书，你最想对皮诺乔说什么？（或者谈谈自己的收获，以此抵达对童话主题的探讨。）

读到最后，皮诺乔在姜焦农场干活，学会劳动，读书，自食其力，让我感到非常快乐（最快乐的章节）。经过这么多的事情，最终成为一个真正的孩子。故事里的皮诺乔为自己的成长高兴，我也为自己能够慢慢成长，变得越来越好而高兴。

——凌陈锜

四、阅读推介

"童话外婆"顽童系列——《长袜子皮皮》《淘气包埃米尔》《小飞人卡尔松》。

带着思考阅读
——《木偶奇遇记》阅读单

一、设计目录

（1）制订计划，自主阅读这本书。

（2）设计目录：每读完一章，想想这章写了什么。借鉴章节提示，尝试用小标题概括每章内容。（可以先写草稿，修改后，用最工整漂亮的字誊写好贴在书上，也可以直接写在书上空白处。）

二、批注朗读

在阅读过程中，将你觉得写得有意思、想象最神奇的地方圈画出来，朗读给别人听一听。

三、读后思考

（1）皮诺乔的哪些奇遇让你难忘（借助自己设计的目录回忆），简要讲一讲。

（2）皮诺乔是一个怎样的木偶？尝试用简洁的图文画出他的转变，并思考令他改变的根本原因，可以在图中标注。

（3）读了这本书，你最大的收获是什么？

《查理和巧克力工厂》教学设计

[英]罗尔德·达尔著
任溶溶译
明天出版社
2004年4月版

·作品解读·

罗尔德·达尔被誉为"20世纪最具想象力的故事大王"。《查理和巧克力工厂》是一部脍炙人口的作品。小查理生活的小镇有一个全世界最大的巧克力工厂,工厂主人是伟大的巧克力发明家、制造商威利·旺卡。工厂非常神秘,全镇子的人从来没有看见有人从大门进去或出来过。有一天,威利·旺卡先生发出告示,将有五位幸运儿获得参观巧克力工厂的特权,全世界购买旺卡巧克力的孩子都有机会。谁获得藏在包装纸里的金券,谁就是幸运儿。查理和四位幸运儿在参观过程中经历了许多有趣的事情,最后,小查理得到了一个最大的惊喜:他将拥有威利·旺卡先生赠送他的整个巧克力工厂。

这部作品,语言独特,想象力奇崛,充满趣味,读来常常令人捧腹大笑,笑后又发人深省。

整本书容量大,要在导读课上体现文本的大容量,让孩子们看到整本书与单篇阅读的不同,要给儿童一个相对完整的语言情境,因此,片段的选择不宜碎片化。

导读课以大声读为主要方式,从关注写了什么,走向怎么写。对比查理吃巧克力前后的两段文字,视读、听读相结合,带领学生整体进入这两段文字,找出相同与不同,扣住多次重复的"一点点"和"大口",体会人物心理和语言节奏,让学生在阅读中关注语言及其背后隐藏的情感;深入语言细部,引发阅读期待,同时习得写作方法,一举多得。

导读课的后面部分，引导学生初步认识进入巧克力工厂的几个孩子，根据学生兴趣，朗读某个孩子进入巧克力工厂后的奇遇，选择相对完整的片段，但又不完全读完，在孩子们特别感兴趣的地方戛然而止。在导读环节不宜揭示作品结构、寓意，只初步了解故事内容。因为一个孩子的奇遇还不足以引发对象征意义的思考，几个孩子的故事联系在一起思考时，学生就会有所顿悟。

交流课侧重对作品语言、情节以及主题的探寻，感受本书的"奇"与"趣"，体验作者创作之巧思，感受"家"的重要与温暖。在比较、交流中，提高孩子提取信息、推断解释、整体感知、评价鉴赏、联结运用等阅读整本书的能力。最后，比较文字书和电影，推介阅读罗尔德·达尔的作品集。

·适合年级·

三年级到五年级。

《查理和巧克力工厂》导读课

·教学目标·

（1）大声朗读，初步感受作者的语言风格；初步学习圈画批注，不动笔墨不读书。

（2）学习制作人物关系图、人物名片、游览路线图的方法和比较、预测等阅读策略，激发学生自主阅读的兴趣。

（3）感受查理对巧克力的热爱，初步体会、感受巧克力工厂的神奇。

·教学过程·

同学们，你们最喜欢吃什么？你有一个怎样的家？用一句话夸夸你最喜欢的一个家人。

一、认识查理一家

1. 认识查理

今天,我给大家介绍一位新朋友,也有可能是老朋友,他叫查理·巴克特。(出示查理图片,了解哪些人读过这本书;读过书的同学和没读过书的同学分组就座。)

查理·巴克特

2. 查理的家人

查理家有七口人(出示人物关系图)。

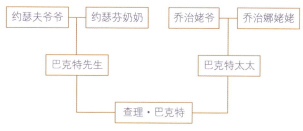

《查理和巧克力工厂》人物关系图1

这是一个小朋友画的人物关系图。你们能读懂吗？（指名介绍查理一家）

3. 查理的家

查理一家人挤在一个小木屋里，只有两个房间、一张床。他的爷爷、奶奶、姥姥、姥爷挤在一张床上，而查理和爸爸、妈妈只能睡在隔壁地板的垫子上面。

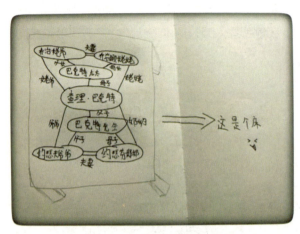

《查理和巧克力工厂》人物关系图2

这是另一个小朋友画的人物关系图。仔细看，他画在哪里？你觉得这个创意怎样？

4. 查理家的菜谱

查理家里并不富裕，靠爸爸一个人工作养活全家，这是查理家的菜谱：

查理家菜谱

时间	原先的菜谱	父亲失业后的菜谱	评价（哭脸、笑脸）
早餐	面包和人造牛油	一片面包	
午餐	土豆和卷心菜	半个土豆	
晚餐	卷心菜汤	卷心菜汤更稀了	

（指名读，师评价。）

查理一家总是肚子空空的，尤其是查理，他太需要比卷心菜和卷心菜汤更能充饥或更好吃的东西了。

二、走近查理

1. 学生朗读，学习批注

他最向往的就是——巧克力糖。查理每天早晨上学，看到商店橱窗里堆得高高的大块大块的巧克力糖就会停下脚步，把鼻子贴着橱窗看，大流口水。一天里有许多次，他眼看着别的孩子从衣袋里掏出一块块奶油巧克力糖，吧嗒吧嗒地大嚼特嚼。不用说，这纯粹是一种折磨。

（1）指名朗读。

（2）从哪些地方体会到了查理对巧克力的向往？（出示批注图、示范图，提醒学生不动笔墨不读书。）

<u>他最向往的就是——巧克力糖。</u>（中心句）查理每天早晨上学，看到商店橱窗里堆得高高的大块大块的巧克力糖就会停下脚步，把鼻子贴着橱窗看，<u>大流口水</u>。（直接描写）一天里有许多次，他眼看着别的孩子从衣袋里掏出一块块奶油巧克力糖，吧嗒吧嗒地大嚼特嚼。不用说，这纯粹是一种折磨。（对比，间接描写）

2. 范读片段，圈画品读

学习要求：

（1）一边听，一边圈画关键词。

（2）两个片段放在一起对比阅读，你发现了什么？

片段1：

每次在美好的生日早晨收到这样的一块巧克力糖时，查理总是把它小心地放在自己的一个小木盒里，宝贝得像是一根金条。开头几天，他只是看着，从来不去碰它，后来实在忍不住了，他才把包糖纸的一角拉开一点点，露出一点点巧克力糖，然后轻轻地咬一点点，只让那可口的甜味足够在舌头上慢慢地散开。第二天他再咬一点点，第三天又咬一点点，一天天这样一点点咬下去。用这个办法，一小块六便士的生日巧克力糖，查理可以吃上一个多月。

——第一章《查理》

片段2：

查理把它一把抓住，马上撕掉包糖纸，咬了一大口。接着又是一口……又是一口……噢，能大口大口吃一块吃一整块甜甜的巧克力糖，这多么痛快啊！能把这么多食物塞满一嘴，这简直是无上快乐！

查理继续狼吞虎咽地吃那块巧克力糖。他停不下来。不到半分钟，整块巧克力糖已经进了他的喉咙不见了。他简直连气也透不过来，但是觉得异常痛快。

——第十一章《奇迹》

提问：对比阅读，你发现了什么？

追问：不同的是什么？（扣住"一点点""一大口"）相同的是什么？

小结：无论是小口吃，还是大口吃，都写出了——查理对巧克力的爱。（再次指名读）

3. 设置悬念，引发疑问

质疑：查理为什么会有不同的吃相？（引导关注章节题目）

追问：发生了什么"奇迹"？（板书：奇迹？）

三、巧克力工厂和金奖券

1. 威利·旺卡先生

查理去学校的必经之路上有一座巧克力工厂，他的主人——威利·旺卡先生。

人物名片

威利·旺卡先生
　前所未有的最伟大的巧克力发明家和制造商
　制造巧克力的魔术师，发明了两百多种新的巧克力糖……
　拥有一座巨大宏伟、不可思议、神奇的巧克力工厂

威利·旺卡先生是一个前所未有的最伟大的巧克力发明家和制造商，制造巧克力的魔术师，发明了两百多种新的巧克力糖……（学生开火车来朗读巧克力糖片段，续编神奇的糖。）

威利·旺卡先生能够做出有紫罗兰香味的软糖、舔下去每十秒钟变一次颜色的牛奶糖、进口就会甜津津地融化的棉花糖。他能够做出永不失去甜味的口香糖，只要不用针刺破、不用口咬破便可以吹得奇大无比的泡泡糖。他还用最秘密的办法制造出带黑点的蓝色鸟蛋，你把这样的一个蛋放到嘴里，它会愈变愈小，最后一下子，舌尖上只剩下一只很小很小的粉红色糖鸟。

2. 巧克力工厂和金奖券

这座神秘的工厂从来没有对外开放过，它究竟是什么样子的呢？你们想不想去看一看？旺卡工厂终于要为几位幸运儿开放了——（听"通告"音频）

我，威利·旺卡，决定允许五名小朋友——注意，只限五名，一名不多——今年来参观我的工厂。这五名幸运儿将由我亲自陪同参观全厂，他们将被允许看到我这工厂的全部秘密和魔法。在参观结束时，作为特殊礼物，他们每人可以得到足够吃一辈子的巧克力糖和其他糖果！因此，请注意金奖券！五张金奖券已用金纸印好，分别藏在五块普通的巧克力糖的包糖纸里。这五块巧克力糖可以在任何地方——世界上任何国家的任何城镇、任何街道、任何商店中出售旺卡糖果的任何一个柜台买到。只有这五张金奖券的五位幸运得主才能参观我的工厂，看到厂内现在是什么样子！

我祝大家好运，快快活活地找到奖券！

四、四位金奖券得主

（1）什么样的人会得到金奖券？（出示其中四位金奖券得主的图片，观察图片，发现他们的特点：胖子奥古斯塔斯，迈克·蒂维特点比较鲜明。）

（2）他们去巧克力工厂会有什么奇遇呢？

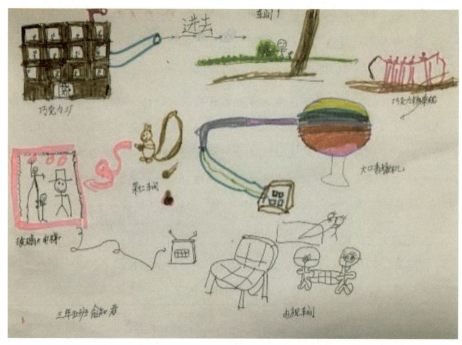

三年级　俞知君　巧克力工厂游览路线图

（3）你们最想知道谁的故事？

（4）朗读关于胖子的片段。

……他们来到巧克力河边，联系奥古斯塔斯的特点，猜猜会发生什么？他的结局如何呢？请大家自己去看一看这本书。（出示封面）

五、推介阅读

1. 介绍作者

罗尔德·达尔，喜欢吃巧克力，当过飞行员。

2. 课后作业

（1）仿写片段：写写你或别人吃东西的样子。（特别喜欢的时候，会怎么吃？很讨厌的时候，会如何吃？）

（2）阅读全书，完成阅读单。

巧克力工厂奇遇记
——《查理和巧克力工厂》阅读单

姓　名	爱好或特点	游览地点	表　现	结　果
我的发现				

备注：可以尝试画一画巧克力工厂游览路线图，比比谁更有创意。

附：六年级学生"吃相"片段仿写

　　她安静地坐在餐桌旁，小心翼翼地拿起筷子，仔细地挑起一片菜叶，放进嘴里细嚼慢咽，好似在研究。每次吃完都要用纸擦擦嘴，她的嘴边从来都没有油或汤汁。这可能成了她的习惯，就像少女喜欢照镜子一般。她喝汤时，用手拿起勺子，小拇指还微微翘起，每次都要盛满一勺，然后拿着勺子抖几下，就只剩半勺了。她把勺子慢慢靠到嘴边，嘬起樱桃小嘴品尝着，脸蛋立刻变成了红苹果。她眯起眼睛，好像进入了沉思。（孙思思）

　　晚餐时，妈妈不由分说夹了一筷苦瓜推到我面前，说："快吃呀！"我死死地闭紧嘴巴，猛烈地摇了摇头。妈妈有些恼火，干脆把苦瓜送到我的嘴边。我悄悄把头向后移动。"必须吃！""不！"没想到妈妈竟然趁我张嘴时猛地把一大块苦瓜塞进了我的嘴里，我的脑子一片空白，下意识全咽了下去，谁知那苦味竟从喉咙一下子蔓延到我的舌尖上。慢慢地，整个口腔都被苦味一点点占领了，我的嘴情不自禁向下咧开，眉头也皱了起来。（韦佳慧）

我终于鼓起勇气，用牙齿咬开了罐头盖，随即用手抠了一大把往嘴里一塞……可是，我又后悔了。什么又香又甜，甜是不错，但也太甜了。太黏了，黏在我的牙齿上擦也擦不掉，舔也舔不掉。那个老巢蜜吃起来和死苍蝇一个味道，还有一股中药味儿夹杂着重金属的味道，和胶带一样难嚼，跟火药一样重口味，同鼻屎一样黏稠……想想就觉得恶心。但为了把鼻炎治好，我屏住呼吸，以最快的速度将它放入嘴里，胡乱嚼两下，然后艰难地咽了下去。（王晨）

只见表哥迅速从肉碗里夹起一大筷子肉，看也不看，不管三七二十一，就往嘴里送。他大口大口地咀嚼，还没有嚼碎，就梗着脖子咽下去。他大筷子大筷子地痛快淋漓地吃着，狼吞虎咽，好像几年没有吃肉，两个腮帮子塞得鼓鼓的。突然，只听一声惨叫——"啊"，紧接着，便是那一声又一声的吸空气的声音。原来，表哥中奖了——吃到一块"大个头"生姜。表哥紧闭着眼，皱着眉，却又无可奈何，只得继续以肉止辣。（陈怡佳）

他二话不说，拉开椅子，迅速盛了满满一大碗饭。抓起筷子，随手夹了点儿菜，便把头钻进碗里，狼吞虎咽地享受起来了。筷子"刷刷"地将饭菜往他嘴里送。没过多大会儿，一碗饭菜便成了他的"腹中旅客"了。但他好像还不知足，又捧起汤盆往他碗里倒满了汤，然后端起碗，"咕噜咕噜"几口，汤便钻进了他的肚子，好不痛快！他心满意足地打了一连串的饱嗝，便倚着休息了。（曹可娴）

坐在我旁边的是一个从头到脚都是粉红色的"小公主"，只见她四仰八叉地霸占了两张椅子，过了一会儿，她站起来了，菜也上好了，她盛了一些米饭，然后绕着桌子逛了一圈，差不多把每道菜都夹了五分之一。我惊得下巴都要掉下来了，那么多饭，已经和我的两顿饭的分量差不多了。她拿起筷子，先是细嚼慢咽，随后，又切换成狼吞虎咽模式。最后，她干脆丢掉筷子，把头埋在碗中，大口大口地吃起来。不一会儿，她好像吃饱了，把碗里饭菜丢给她妈妈，然后，打了一个饱嗝就离开了。（韩湘婷）

2017年8月 四川师范大学附属圣菲小学 《查理和巧克力工厂》导读课

《查理和巧克力工厂》交流课

· 教学目标 ·

（1）通过交流，感受本书的"奇"与"趣"，体验作者创作之巧思，感受阅读之快乐。

（2）通过比较，探究作者创作之深意，感受"家"的重要与温暖。

（3）通过交流，提高孩子提取信息、推断解释、整体感知、评价鉴赏、联结运用等阅读整本书的能力。

· 教学过程 ·

一、人物回顾

1. 查理和他的家人

（1）这些天，我们阅读了一本书，那就是——《查理和巧克力工厂》。

嗨，他来了，你认识他吗？（出示查理图片）我们和他打个招呼吧！

（2）指名介绍查理一家。

2. 威利·旺卡和其余 4 位参观者

（1）看看书名，我们就会发现，这本书还有一个非常重要的角色，他就是巧克力工厂的主人。（威利·旺卡）在书中，威利·旺卡做了一件什么事引起了轰动？（发放五张金奖券）

（2）都有哪些幸运儿获得了金奖券？（逐个出示名字：奥古斯塔斯　维奥莉特　维鲁卡　迈克·蒂维　查理）

我们玩一个人物连连看的游戏，看看哪位同学能够把这些人物图片与名字对上号，并说说为什么。

二、路线梳理

（1）这五个幸运儿，在家长的陪同下，于 2 月 1 日早上，手持金奖券，来到了神秘的巧克力工厂大门外，他们受到了威利·旺卡的热烈欢迎。接下来，一次全新的参观之旅开始了！同学们，你们记得他们都参观了哪些地方？（自由说）

（2）出示目录，引导排序。

巧克力车间（顺巧克力河而下）、发明室（顺走廊走）、果仁车间（坐玻璃大电梯）、电视巧克力糖车间。

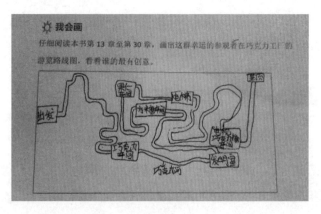

（3）这是一次怎样的旅程？（指名说）

三、聊书享"趣"

（1）这次的旅程奇妙、有趣，还有点惊险。那么，奇在哪里？妙在哪里？有趣在哪里呢？请同学们调动阅读储备，尽情说一说。

（2）集中反馈（根据同学们的发言进行梳理，黑板呈现发射状图示）。

◎想象之奇。

工厂之奇：工厂的构造、每个车间的布置、电梯。

巧克力车间之奇、各种发明机器之奇——口香糖大机器。

◎发明之奇。

粉红色大船。

石头弹子糖、头发太妃糖、可吃的果汁枕头软糖、供婴儿室用的可舔墙纸、冷天吃的热冰淇淋……各种各样的糖果，没有做不到，只有想不到。

◎角色之奇。

小矮人，四个特别的角色：胖子、任性小姐、口香糖小姐、电视迷。

◎语言之趣。

①当旺卡先生带着他们坐上粉红色大船，顺巧克力河而下，冲进一条漆黑的隧道时，所有的人都紧张得尖叫起来。可旺卡先生非但没有让船慢下来，还偏偏不告诉他们船往哪个方向划，只对他们讲：前路一定愈来愈危险！划船的人只管划向前，没有任何停下来的打算！

（出示文字，指名读。）

"他发狂了！"其中一个爸爸叫起来。现在，其他的爸爸妈妈也加入了这场害怕的大叫之中。"他疯了！"他们叫道。

听听他们说什么：

"他傻头傻脑！"

"他疯头疯脑！"

"他愣头愣脑！"

"他犟头犟脑！"

"他戆头戆脑！"

"他呆头呆脑！"

"他颠头颠脑！"

"他昏头昏脑！"

"他笨头笨脑！"

"他晕头晕脑！"

"他蠢头蠢脑！"

"不，他没有！"约瑟夫爷爷说。

你发现了什么？（探讨这样写的妙处：语言的重复带来了趣味性，使故事极具画面感。）

②再想想，书上是不是好多处都是这样有趣的重复。

二十五只松鼠抓住她的右臂，把它按下去。

二十五只松鼠抓住她的左臂，把它按下去。

二十五只松鼠抓住她的右腿，使它在地上不能动。

二十四只松鼠抓住她的左腿。

剩下来的一只松鼠（显然是它们的首领）爬上她的肩头，开始用它的指关节嗒嗒嗒地敲这个坏女孩的脑袋。

提醒：语言的重复，产生了节奏之美，让我们读起来觉得特别有趣。遇到这样的文字，我们可以大声地读起来，多读上几遍，感受语言之趣。

③作者的想象之奇，创作之奇，给我们带来了阅读的全新体验。难怪同学们在读了这本书之后，会产生这样的感觉（出示同学们的评价语）：

李乐琪：精彩　跌宕起伏　奇妙

贾凯丽：幽默　奇特　有想象力

张梦琪：不可思议　有趣　惊讶

谷雨晴：有趣　奇妙　惊奇

吕一宸：奇妙　有趣　不可思议

李雨萌：精彩　有趣　夸张

陈艾希：不可思议　惊讶　好奇

刘新豪：着迷　好奇　惊讶

朱冠宇：有趣　不可思议　奇幻

许　昕：神奇　奇妙　惊险

小结：每位同学的评价语几乎都离不开两个字：奇、趣！这样的书令人着迷！从这个角度上说，这本书就足以算是一本好书了！

四、比较寻"味"

1. 比较查理与四个孩子的不同

这本书仅仅只是有趣吗？接下来，我们将目光聚焦于本书的五位金奖券得主身上，回顾一下他们在参观过程中的遭遇，看看你有没有新的发现。（口头汇报表格内容）

五个孩子比较分析

姓　名	爱好或特点	游览地点	表　现	结　果
奥古斯塔斯				
维奥莉特				
维鲁卡				
迈克·蒂维				
查理				
我的发现				

2. 比较

查理身上有哪些特点是别的小朋友所没有的？（指名写在黑板上）

3. 小结

查理是个遵守规则、有礼貌的孩子。

4. 比较电影与文字书的不同

（1）文字版故事结尾（出示文字，指名读）。

正是因为查理身上有着他们所没有的优点，所以到了故事的最后，他成了旺卡先生巧克力工厂的继承者。他们一起乘坐大玻璃电梯，"哗啦啦"地冲破工厂的屋顶，又"砰"地穿过自家的木屋屋顶，迫不及待地把这个好消息跟家人分享。其他三位吓坏了——

查理爬到床上，试着安慰三位被吓得呆若木鸡的老人家。"请不要害怕，"他说，"很安全的。我们现在要到世界上最了不起的地方去！"

"查理说得对。"约瑟夫爷爷说。

"我们到了那里有东西吃吗？"约瑟芬奶奶问道，"我在挨饿！全家在挨饿！"

"有没有东西吃？"查理哈哈笑着大叫，"噢，你就等着瞧吧！"

（2）与电影比较。

从查理的哈哈大笑中，我们知道接下来他们一家的生活发生了惊天大逆转。可是，这本书的同名电影中，好像不是这样的。（指名说）

回放电影结局，比较不同。（电影提到了威利·旺卡的童年、他的父亲，补充了旺卡回家与父亲重归于好的情节。旺卡融入了查理一家，感受到了家的温暖。）

（3）电影为什么要这样改编？甜美的人生，是什么样的人生？

五、拓展阅读

每一本书、每一部电影，都在用不同的方式给我们讲故事。我们通过快乐地阅读、欣赏，不知不觉又收获了一点点，成长了一点点。这本书还有很多续集呢！罗尔德·达尔用他那支神奇的笔，创作了一系列故事，本本精彩！

（本设计为作者和余惠斌老师共同完成）

《水妖喀喀莎》
教学设计

汤汤著
浙江少年儿童出版社
2016年12月版

·作品解读·

《水妖喀喀莎》讲述了这样一个故事：噗噜噜湖干涸了，生活在其中的水妖们不得不漂泊人间，等待湖灵召唤，等待湖水重新充盈。一起上岸的水妖忍受不了漫长的痛苦和孤独，拔掉了水妖的牙齿，忘记了自己，也忘记了过去，成为普通的人类生活着，只有喀喀莎仍在孤独又勇敢地坚守。最后，喀喀莎得到了湖灵的召唤，在小女孩土豆的帮助下，克服重重困难，找回所有失去记忆的水妖们，使噗噜噜湖重生，自己却变成了一颗小水滴。

这本书具有以下两个鲜明的特点。

一、想象神奇瑰丽

汤汤是一个有才情的作家，她的作品想象神奇瑰丽，主要体现在这样几个方面：奇妙的变化——牙齿变蓝、喀喀莎画出的小石子能让臭水变清、耳朵后面的鳞片能让水妖重新获得记忆……水妖世界和人类世界的自由切换，人类女孩土豆居然能够带着喀喀莎飞奔，歌声的召唤能让湖水重新归来……

二、人物形象鲜明

喀喀莎的外在变形：水妖—普通人类—蓝婆—水妖（小鱼）—水妖—水珠。

喀喀莎的内在变化：从爱哭、胆小，变得勇敢，有担当。喀喀莎的善良、坚守、无私、崇高打动人心。

·适合年级·

三年级到五年级。

《水妖喀喀莎》导读课

·教学目标·

（1）初步了解土豆和水妖的故事，感受喀喀莎的人物形象。

（2）懂得"牙齿"对于水妖和噗噜噜湖的重要意义，激发学生自主阅读的兴趣。

·教学过程·

一、导入

（1）在你的想象中，"水妖"是什么样子的？

（2）这节课，我们要讲一讲南霞村的女孩土豆和一个水妖的故事。

二、土豆初遇水妖

1. 土豆初遇蓝婆

有一次，土豆的风筝落到了蓝婆的屋顶上。（听老师朗读）

土豆踮着脚尖，她个头太小，只瞅得见屋顶上风筝的半截尾巴；她的手又抖得太厉害，一根竹竿来来回回瞎捣腾，一下，两下……弄出不小的声响。门

"吱嘎"地开了，蓝婆从里头探出了半个身子。

"啊——"土豆从脚趾头到发丝全僵住了。她想跑，也跑不动了。

"你……你不要抓我……我……我不好吃……"

"谁说我要吃你？"面纱里头传来这句话，令土豆吃了一惊，她没有想到蓝婆的声音这么好听，完全不像老人家的，倒像是淙淙的水声。

"我……不是来捣蛋的，我的风筝……在……在你家屋顶上。"

蓝婆的双脚从门槛里缓缓迈出来，土豆怕得要昏过去了。她第一次挨她这么近，近得能看见她的蓝衣裤上已经破了好几个洞洞。她还闻见一股好闻的香，是一种什么水生植物的气息，土豆蹚进溪里拔水草的时候闻到过。这植物的芳香缓解了她的害怕，僵着的身体松了松。

蓝婆朝她伸出一只枯槁的手，掌心向上，指头弯曲。

土豆先是一愣，立刻明白了她的意思，将竹竿交到她手上，蓝婆三两下就把风筝从屋顶拨下来了。她把竹竿还给土豆，转身回屋关了门。土豆迷瞪瞪恍惚惚地，一手拿着竹竿，一手拎着风筝往家走。走到半路，她停住脚，看看风筝，咬咬嘴唇，转身又走回蓝婆的屋前。她怯怯地用手指尖敲了一下门，声音轻得自己都不敢听见。

门隔了好一会儿才开，并且只开了小半扇。蓝婆微侧着瘦削的身子，一只松树皮一般的手扶着门框。土豆看见面纱之上，一双温柔的眼睛。

"我……我刚才忘记说谢谢您了。"

"不说没关系的。"

"谢谢您，婆婆。"

"哦，谢谢，不用谢的。"蓝婆似乎有些不好意思。

思考：这是一个怎样的蓝婆？（善良、温柔、声音好听、身上有植物的芳香）

质疑：可是，土豆为什么这么怕她呢？

2. 蓝婆 = 喀喀莎

蓝婆是谁呢？

> 她面纱遮脸，用衣兜里所有的钱买下这个泥土小屋。有人见过风撩起她的面纱，露出黑而皱的下巴，再加上她背脊佝偻，穿深蓝色衣裤，所以大家管她叫蓝婆。
> 蓝婆始终戴着面纱，温柔的眼睛和眼角的皱纹形成鲜明的对比，像脏兮兮的黑泥地里一汪美得惊人的湖水。土豆见过她的手，老松树皮一样又裂又皱。当蓝婆的手第一次伸过来要抚摸她的脸颊时，土豆本能地躲了一躲，蓝婆的眼神便暗了暗，手软软地垂下去了。土豆为自己的躲闪感到抱歉。她暗暗发誓以后再也不躲避，但是蓝婆再也没有朝她伸出过手。

> 天啊，土豆看见了一个美得出奇的仙女！皮肤白皙光洁，脖颈颀长，腰肢柔软。
> "你可真美，你比南霞村最美的姑娘还好看一百倍呢。"
> 喀喀莎咯咯地笑了，温柔的眼睛里落进素净的月光，土豆看见她红润的嘴唇和细白的牙齿，犬牙旁有一颗多余的大白牙。

（1）朗读对比，这是怎样的蓝婆？这又是怎样的喀喀莎？（学会找关键词，体会人物特点。）

（2）其实，蓝婆就是喀喀莎，喀喀莎就是蓝婆。

质疑：为什么她的容颜会发生如此巨大的变化呢？

3. 噗噜噜湖

> 它就像一片蓝天飘落在大地上，这世界上没有比它更漂亮的湖了。
> 一片满盈盈蓝幽幽的湖水，在清透娇嫩的天光之下，如同大地之上铺了一匹明净柔滑的深蓝锦缎。

> 眼前是一大片凹陷的干涸的泥土地，广阔无边，一直铺到天尽头，地上一道道交错的口子，大大小小，长长短短，连在一起，像无数哀嚎的嘴巴，在绚烂的天空之下说不出的寂寞和悲凉。

（1）朗读：对比噗噜噜湖的变化，初步感受汤汤童话的语言特点。

（2）讲述：噗噜噜湖干涸了，十一个水妖上岸了。她们在一个小小的县城住下，看起来和人的样子没有什么区别，她们的犬牙边上长出了一颗歪歪的牙齿，就像人类的畸形牙一样。湖灵嘎啦嚓没有走，他要日夜不停地守护噗噜噜湖，日夜不停地召唤湖水归来。他相信，总有一天水妖们会归来，噗噜噜湖也会重新盈满。只要他和水妖们不放弃，噗噜噜湖一定会重生。

三、关于"拔牙"

1. 牙齿的秘密

离开噗噜噜湖的时候,湖灵嘎啦嚓悄悄嘱咐过我,新长出来的牙齿会常常疼,但是再疼也不能拔掉,因为拔掉之后会忘记所有关于噗噜噜湖和水妖的事情,变成一个普普通通的人类。不过又和普通人类不太一样,当活到像普通人那样足够老的时候,又会在某一个夜里重新变回孩子,开始一个全新的人生。

——帕帕提

思辨:这颗牙齿能拔吗?

2. 忍受牙疼(师生配合朗读)

喀喀莎满屋子打起滚来,土豆怕自己的双脚碰到她,不停地跳来跳去。喀喀莎此刻的样子,多像土豆在电视里看见的,中了剧毒垂死挣扎的人。土豆无法想象她的疼,她能看见的就是眼前的喀喀莎,站不起来,也坐不起来,只能躺在地上,被疼痛折磨得乱滚,像飘落在地被风驱赶着的一片枯叶。疼痛从一颗牙齿开始,弥漫全身——喀喀莎给她讲故事的时候说过的。土豆害怕又心疼,她也发抖了。

"土豆,你回家去。"在疼痛的间歇里,喀喀莎催促,"你在这里,我不好意思叫出声来,我把嘴唇都咬破了。"

土豆只好流着眼泪离开。第二天,仍旧下雨。她用所有的零花钱买了一大把止疼片,晚上给喀喀莎送去。喀喀莎吞下了所有的止疼片,疼痛并没有得到半点缓解。

土豆再次眼睁睁看着她在地上打滚,看得脸色发白,脊背发凉。她受不了了。

"喀喀莎,明天你把牙齿拔了吧。"

"不拔。"

"你都等了这么多年了!"

"一百一十四年。"

"噗噜噜湖不会重生了。"

"会的。"

"帕帕提她们不是都拔了吗?"

"我不拔。"

喀喀莎因为疼痛得说不了长一点的话。

"你要等到什么时候啊?"

"什么时候都等。"

"如果永远等不着呢?"

"永远等。"

看着被疼痛欺凌的喀喀莎,土豆不知为何有一种很不好的预感,她毫无理由地觉得噗噜噜湖会一直干涸下去,喀喀莎没有必要再等待了。

"喀喀莎,求求你拔了牙齿吧。"

"喀喀莎,拔了牙齿多好,再也不会这么疼,不用这么丑,这么孤单了。"

"喀喀莎……"

"土豆你回家吧,你走了,我可以肆无忌惮地打滚、呻吟,那样会好过很多……你在,我总是不好意思,要忍着点……"

第三天晚上,雨点又大又密,土豆撑着伞,跑到喀喀莎屋里时,衣服湿了一大半。她手里还拿着一把尖嘴钳子。

土豆开始重复头天夜里和前天夜里说过的话。

"喀喀莎,难道你还想要这样再疼一百年?疼两百年都没有用的。求你把牙齿拔了吧。"

"不怕疼。"

怎么可能不怕疼,如果不怕,用得着这样满地打滚吗?土豆硬是把尖嘴钳塞进喀喀莎手里,喀喀莎把它轻轻搁到一边。土豆捡起来说:"我来帮你拔。"

"土豆,它是一颗牙齿,又不仅仅是一颗牙齿……我不能忘记噗噜噜湖。"

"可是你还得等多久呢?"

"多久我都等。"

土豆简直不敢想象,一百年,两百年,一千年,两千年……这么丑,这么疼,这么穷,这么孤单!如何忍受!

追问:如果是你,你会拔牙吗?这是怎样的喀喀莎?

四、推介

水妖喀喀莎最终会拔掉牙齿吗?噗噜噜湖能不能重新盈满?土豆和喀喀莎之间还发生了怎样的故事?请大家阅读汤汤的童话《水妖喀喀莎》。

《水妖喀喀莎》交流课

·教学目标·

(1)借助目录,讲述故事。
(2)朗读品味重点片段,感受喀喀莎的成长变化,领悟童话人物的无私与崇高,感受童话神奇的想象。

·教学过程·

一、导入

孩子们,今天,我们来交流汤汤的《水妖喀喀莎》这本书。

二、回顾情节,厘清脉络

(1)这本书讲了一个怎样的故事呢?谁来借助目录,用简洁的语言,给我们讲一讲?

第一章　水妖上岸

第二章　水妖拔牙

第三章　南霞村的蓝婆

第四章　土豆和蓝婆

第五章　蓝婆是水妖

第六章　喀喀莎闹牙疼

第七章　南霞村要赶走喀喀莎

第八章　喀喀莎离开

第九章　喀喀莎的牙齿蓝了

第十章　喀喀莎回到噗噜噜湖

第十一章　噗噜噜湖水正在归来

第十二章　寻找失忆水妖们

第十三章　喀喀莎变成了一颗水珠

第十四章　噗噜噜湖重生

小结：补充、串联目录，是把一本书变成一段话的好方法，大家可以多多尝试。把书读薄是一种很重要的能力，我们要不断练习。

（2）这本书在叙述上的特别之处，你发现了吗？（故事套故事的结构）

喀喀莎给土豆讲水妖的故事。

湖水干涸，水妖上岸，土豆帮助喀喀莎回到噗噜噜湖的故事。

三、聚焦人物形象，感受神奇想象

话题：从离开噗噜噜湖，再回到噗噜噜湖，水妖喀喀莎的身心发生了怎样的变化？她经历的哪些事情给你留下了深刻的印象？她是一个怎样的水妖？书中哪些场景写得最神奇？（根据学生发言，结合具体片段，朗读，交流喀喀莎的身心变化，感悟人物特点，点评，提升。）

1. 活在人间

（1）刚上岸的喀喀莎——爱哭、胆小。

夜的浓汁，缓缓染黑了世界，十个水妖一步三回头，告别了噗噜噜湖。喀喀莎一直没有停止哭泣，哭得别的水妖心烦意乱。年龄最长的水妖帕帕提用一根树枝敲了她脑袋，警告她不许再发出声音。喀喀莎用两只手捂着嘴，哭声还是呜噜呜噜地从指缝里漏出来。

"我害怕……"她一遍遍地对水妖姐妹们说。

"怕有什么用？"姐姐们无心安慰这个最小的妹妹，因为她们自己也好不到哪里去，"勇敢一点吧，喀喀莎。你至少不能拖我们大家的后腿。"

聚焦喀喀莎的言行，运用对比法，感受她的爱哭、胆小，和别的水妖的勇敢形成对比，为后面形象的反转做铺垫。

（2）和土豆成为朋友——外表丑陋，内心善良，不再孤独。

①她越来越丑，因为离开湖水太久，她的适合水下生存的皮肤在太阳底下变得又黑又皱，比松树皮还难看。她总是冷不丁就把人狠狠吓一跳。后来，她没有办法工作了。她决定离开这个生活了一百多年的小县城。

②蓝婆的双脚从门槛里缓缓迈出来，土豆怕得要昏过去了。她第一次挨她这么近，近得能看见她的蓝衣裤上已经破了好几个洞洞。她还闻见一股好闻的香，是一种什么水生植物的气息，土豆蹚进溪里拔水草的时候闻到过。这植物的芳香缓解了她的害怕，僵着的身体松了松。

蓝婆朝她伸出一只枯槁的手，掌心向上，指头弯曲。

土豆先是一愣，立刻明白了她的意思，将竹竿交到她手上，蓝婆三两下就把风筝从屋顶拨下来了。她把竹竿还给土豆，转身回屋关了门。

采用对比法，感受蓝婆的外表丑陋，内心善良，自从认识了土豆，她便不再孤独。

（3）再疼也不肯拔牙——有主见，勇敢、坚强，有担当，信守承诺。

①有个水妖小声嘀咕道："这样说起来，除了忘记，拔掉牙齿几乎没有什么坏处呢。"

喀喀莎说："不，忘记就是最大的坏处了。"她是水妖里年龄最小，身体也最弱小的一个，平日说话呀做事呀都跟着姐姐们，很少有自己的主见。这句话却说得很坚定很大声，把她自己都吓一跳。

②黄昏，不牙疼，喀喀莎是愉快的。土豆忍不住又会劝她。喀喀莎说："土豆，你不知道噗噜噜湖有多美丽，我怎么舍得忘记，更何况，除了泥土里的咕滴答，噗噜噜湖就只剩我一个水妖了，我答应过咕滴答和湖灵嘎啦嚓，一定会回去，土豆，答应过的事情，是必须做到的哦。"

③喃喃咕撒撒嘴巴说："嘎啦嚓吗？他连湖水都守护不住，又怎么可能召唤它归来？喀喀莎，放弃吧，做个人没有什么不好的。至少比这无望地等待好出许多。"

喀喀莎摇着头，泪水蓄满眼眶："我们答应过嘎啦嚓和咕滴答的，我们一定会回去的。"

"好吧，我不勉强你，你也不要勉强我。对不起了喀喀莎，你自己保重！"

"别——"

但喃喃咕迅速拔下了那颗牙齿，血珠涌出，从嘴角淌下。喀喀莎怔怔地看着她，与此同时，好大的孤单从四面八方漫过来，裹挟住她瘦瘦的身体。

对比法是阅读教学中常用的方法，这里进一步运用对比法，通过喀喀莎和其他水妖的对比，以及她自己前后的对比，感受她的有主见，勇敢、坚强，有担当，信守承诺，但又无比孤单。

在朗读的同时，也可以带领孩子体会汤汤童话语言的诗意和张力。

2. 回家之难

（1）牙齿的变化——想象神奇，描写细腻。

牙齿继续痒着，似有一条虫子在里边扭啊扭，喀喀莎对着镜子摘下面纱，张开嘴巴。那牙齿表面看不出有什么变化，她耐心地盯着它，热切地祈盼着："变成蓝色吧，请变成蓝色吧。"

它果然开始变色，但不是蓝色，而是火焰的颜色，与此同时，痒痒消失了。牙齿成了一颗正在燃烧的木炭，通体发红发烫，喀喀莎的嘴唇迅速灼出好几个水泡。她不知道这是怎么回事，当年湖灵嘎啦嚓没有告诉过她。

没有持续太久,"炭火"熄灭,牙齿回归白色,喀喀莎又盯着看了一会儿,见它不再有变化,满心失望地合上了嘴巴,却觉得嘴里仿佛含了一颗冰,透心的寒凉。

她再次张开嘴巴,镜子里,这颗作怪的牙齿,已由白色变成透明。紧接着,从"冰"的底部开始,缓缓漫上一层浅浅的蓝,一直漫过牙齿的顶端。喀喀莎屏住呼吸,她的心脏快要从胸膛里跳出来。浅蓝渐渐变成深蓝,颜色如同明媚又深邃的湖。牙齿不痒不疼也不冰了,它只平静而优雅地蓝着,仿佛生来如此,生来就是一颗世间最美丽晶莹的蓝宝石。

和孩子一起朗读,感受牙齿变化的神奇,以及汤汤童话语言的细腻生动。

(2)回"家"之难——坚强、勇敢。

可是怎么了,没跑出两步,她双腿一软,眼前一黑,一头栽倒在地。她想爬起来,却是腿软胳膊也软,浑身上下没有一丝力气,如同煮得过久的一把面条。要尽快回去噗噜噜湖才好啊,湖灵嘎啦嚓嘱咐过的,不然……但依现在的情形,别说去噗噜噜湖,就是离开这里,似乎都做不到了。

必须尽快离开,明天早上太阳升起的时候,她不能还在这里,自尊心极强的她绝不允许自己再次出现在南霞村人们的眼睛里。也许吃点新鲜的水草,会好受一点吧。她从地上捡了根木棍,支撑着立起身子,一步一步往前挪,挪到溪边时,天差不多亮了。

她甚至没有力气下水摘一把水草来吃,她只得先爬进芦苇丛里,蜷缩着身子躺下。我是怎么了?之前不可抑制的狂喜,此时已被巨大的焦急替代。她无奈地在芦苇丛里躺着,依稀记起湖灵嘎啦嚓说过的一些话——牙齿变蓝时,不能太激动,心跳要像平常一样快,不然会头晕目眩,虚弱万分。

关注动作描写,体会喀喀莎回家之难,进一步感受她的勇敢和坚强。

土豆带着喀喀莎飞奔——想象神奇,坚定的信念。

她(土豆)就这样奔跑,天亮时,她已经不知道自己跑了多少路,跑到了哪里。太阳就在前方,她迎着它奔跑,仿佛只要再快一点点,她就能一头跑进太阳的宫殿里去。现在她正奔跑在一片漫无边际的荒野里，杂草丛生，野花遍地，她的身体在它们中间像一支箭掠过去，草尖和花朵来不及摇晃，蚱蜢也来不及跳起来。有的时候跑着跑着，她就离开了地面，似乎没有什么东西能阻挡住她的脚步。土豆在心里欢乐地喊着："我是风，我是鸟，我是一支箭，我是一道光！"

这段文字，除了朗读，没有更好的办法来感受童话神奇的想象力。在朗读中，才能感受到喀喀莎迫切回到噗噜噜湖的坚定信念。

颇富意味的是，故事中，给了喀喀莎抚慰和帮助的，竟是个孩子。当所有的大人都误解、躲避、指责，甚至驱逐喀喀莎时，一个偶然的机缘，土豆大胆地走进了喀喀莎的世界，并且成了忘年交。也许，看似无知的儿童，其实更能洞察人性的本质。在喀喀莎收到湖灵的召唤，自己却无力赶回时，她想到的是借助土豆的力量。而土豆也在与喀喀莎的交往中，逐渐感受到了信念的伟大，最后，她甚而感到"仿佛自己就是喀喀莎了"。是不灭的初心和澄澈的童心，拯救了水妖的世界，帮助大家获得了心灵的重生。

——周益民

联结名家解读，提升孩子对童话内涵的领悟。

3. 永远的喀喀莎

（1）拔鳞片"唤醒"水妖的记忆——伟大、无私、崇高。

喀喀莎转过身，低下头，说："你看。"土豆看见了她耳朵后面的鳞片，透明的，一片挨着一片。耳朵后面长着鳞片的事情，土豆以前听喀喀莎在故事里讲到过，这是第一次亲眼见到。数了数，左边五片，右边四片，一颗血珠顺着脖颈滑下。她明白了，湖灵昨晚上悄悄和咕滴答和喀喀莎说的秘密，那是让水妖们恢复记忆的办法——揪下耳朵后的鳞片，和噗噜噜的湖水一起，让她们喝下。

喀喀莎毫不犹豫地拔下鳞片，用来"唤醒"水妖的记忆，人物形象进一步升华——她的伟大、无私、崇高淋漓尽致地彰显，拔掉所有的鳞片，她再也无法完整地回去了。

（2）喀喀莎变成一颗水珠——永恒。

喀喀莎的身体渐渐透明起来，成了一条透明的大鱼，鱼慢慢缩小，小到土豆的一个巴掌那样，安静温柔地躺在尘土之上。

喀喀莎的变化并没有停止，鱼的形状一点点模糊起来，成了一颗很大的水珠，通身沾满尘土。旁边是一颗蓝盈盈的牙齿。

喀喀莎变的水珠滚进蚌壳中的湖水里，不见了踪影，只见得水面上漂浮着一些细小的尘土。

土豆没有哭，她相信，喀喀莎的灵魂就在那颗水珠里，她会在湖水里重生。

联结1：

读完《水妖喀喀莎》这本书，我觉得喀喀莎非常坚韧。因为她这么多年忍受牙疼，忍受人们的奚落，但最后得到的结果却是变成一颗水珠，没有等到噗噜鲁湖重生的那一天。如果是我，知道是这样的结果，就一定不会这样坚守下去了，但喀喀莎却会一直坚持下去。因为如果她不坚持下去，就无法救出被关在蚌壳里的咕滴答，也没有办法去找到那些失去记忆的水妖姐妹，噗噜噜湖就更没有重生的希望了。

——六年级　李姝仪

联结2：

这个童话大致可以归入英雄拯救母题之下。具有颠覆意味的是，这儿的英雄并非通常概念里威猛无比、法力无边的形象，相反，她柔弱，娇小，后来则年迈力衰。这样的设定，使得作品产生了强烈的反差，收到了凄美的悲剧效果。车尔尼雪夫斯基说过："美学家们把悲剧性看作是最高的一种伟大（即崇高），或许是正确的。"我以为，《水妖喀喀莎》正是因为散发出的悲剧色彩，而获得了一种具有超越意义的古典气质。

——特级教师　周益民

联结 3：

现在太阳从海里升起来了。阳光柔和地、温暖地照在冰冷的泡沫上，因此小人鱼并没有感到灭亡。她看到光明的太阳，同时在她上面飞着无数透明的、美丽的生物。透过它们，她可以看到船上的白帆和天空的彩云。它们的声音是和谐的音乐，可是那么虚无缥缈，人类的耳朵简直没有办法听见，正如俗人的眼睛不能看见它们一样。它们没有翅膀，只是凭它们轻飘的形体在空中浮动。小人鱼觉得自己也获得了它们这样的形体，渐渐地从泡沫中升起来。

——安徒生《海的女儿》

联结《海的女儿》。无论是变成水珠，还是化作泡沫，都体现了主人公的崇高品质。

这段联结是跳出文本的进一步提升，也许能进一步激发孩子对童话的兴趣，感受优秀童话相通的精神内核，提升孩子对童话美学的领悟力。

4. 你觉得还有哪些神奇和不可思议的场景？

（自由补充，朗读片段。）

预设：变幻莫测的湖灵嘎啦嚓、让臭水沟变清的神奇的小石子等。

（1）"我没有什么可看的。我在这里，又在那里，我在噗噜噜湖，在湖水浸润过的每一寸泥土里，我无处不在。"嘎啦嚓的声音，飘荡在干涸而广阔的湖底之上，泥土裂开的每一道裂缝，仿佛都是他张开说话的嘴巴，语音温和又浑厚，四面八方聚拢在一起，回响在水妖们的耳畔。

（2）土豆一见水就想掬一捧来喝，正俯身出手，发现水面上停着一只甲壳虫似的小家伙，半球形，大不过一颗玉米粒，幽蓝的背，一动不动趴在水面上。

（3）土豆伸出手指头按了按它的背壳，它不逃；土豆用嘴对着它吹气，它不动；她用两手指一弹，把它给弹到下面一片草叶上，它翻着肚皮，肚皮也是幽蓝的，颜色更深些。月光里看不清楚它的小眼睛在哪里。

（4）抬头一看，面前不知何时站了一个棕褐色长头发，长胡子，深蓝衣服，眼神温和的男人。

小结：本节课，我们重点感悟了喀喀莎的身心变化，感受了童话变形手法的神奇和童话人物崇高的精神品质，领略了汤汤童话奇崛的想象力。

四、推介阅读

汤汤短篇童话集《门牙阿上小传》，汤汤奇幻童年系列、汤汤幻野故事簿系列，还有《小野兽学堂》《绿珍珠》，初步感受汤汤的童话风格。

五、板书设计

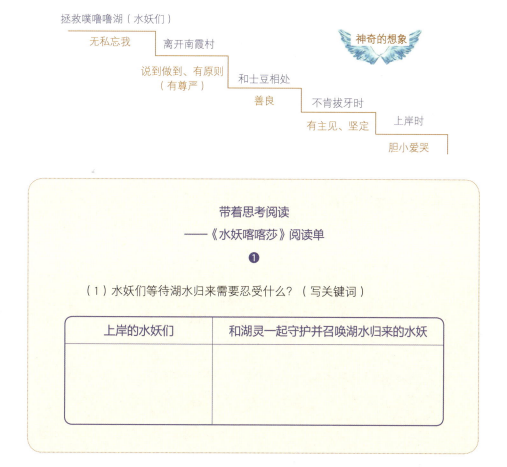

（2）读完故事，你认识了一个怎样的喀喀莎？请到文中找到相应的语句佐证你的观点。画一画你心目中的喀喀莎的样子。

你还喜欢书中的哪个人物？为什么？

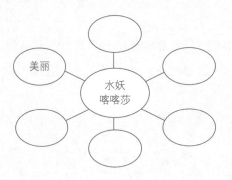

（3）这个故事在叙述上有什么特别之处？

（4）关注语言，我发现了这些比较好的段落（记录页码和关键词，便于交流），在书上批注。

友情提醒：坚持每天朗读一章，先默读预习，生字可以查字典注音后再出声朗读，可以反复读，也可以录音。鼓励批注、摘抄、画阅读笔记等创意阅读活动，欢迎展示。

飞扬的想象力
——《水妖喀喀莎》阅读单

汤汤用她飞扬的想象力，为我们熬了一锅不一样的童话汤，读完《水妖喀喀莎》，我们经历了一次奇幻之旅。你觉得最神奇的场景是什么呢？请列举几处吧！

神奇之一：

──《　　　　》第　　页

神奇指数：☆☆☆☆☆

神奇之二：

──《　　　　》第　　页

神奇指数：☆☆☆☆☆

神奇之三：

──《　　　　》第　　页

神奇指数：☆☆☆☆☆

神奇之四：

──《　　　　》第　　页

神奇指数：☆☆☆☆☆

汤汤童话群书对比阅读单

题目	人物	情节	主题	叙述方式	神奇之处	童话特色
《小野兽学堂》						
《水妖喀喀莎》						
《绿珍珠》						

附：《门牙阿上小传》阅读笔记（沉砂）

汤汤著，天津人民出版社 2020 年 9 月版

阅读笔记

题　目	主人公	事　情	主　题	特　色
门牙阿上小传	门牙阿上	门牙阿上一生的故事。	平凡与伟大，或者与死亡，孤独与陪伴，一颗牙的一生，就是人的一生。	题材新颖，主题独特，隐喻现实，想象力丰富，语言清浅又深刻，灵动，有画面感。幻想与现实自然切换。
别去五厘米之外	球球小妖	打破规则。	打破规则。	
曾曾曾曾曾祖母的萝卜	萝卜种子	一颗萝卜的梦想。	成全别人的梦想有时候就是成全自己。	
到你心里躲一躲	木零	去傻路路心里偷珠子。	信任、善良。	
我很蓝	蓝蓝	长着一张蓝色的脸，去了紫天堂，受到所有人的喜欢。	与众不同，接纳，自我认同，爱是治愈一切的药。	
鬼的年	晚啼、风落	到人间去拜年受挫。	浪漫、诗意，与众不同，追求生活的情趣、人情味。	
土土土	土地公公	寻找瞳孔里开着烟灰色花朵的人，变成蚯蚓，亲近泥土。	亲近泥土和自然，现代化吞噬了自然。	
木疙瘩山的岩	岩（鬼）	到人间玩，被拍照登报，瘦成一缕青烟，消失了。	友情、信任、任性、贪婪。	
天子是条鱼	弟弟天子	弟弟是一条鱼，回到自己的星星上去了。星星特别明亮的夜晚，会回来。	亲情。	

续表

题 目	主人公	事 情	主 题	特 色
小耳有秘密	小耳（蛇）	青陆喜欢小耳（小粉）。	关于喜欢。	题材新颖，主题独特，隐喻现实，想象力丰富，语言清浅又深刻，灵动，有画面感。幻想与现实自然切换。
一只小鸡去天国	小鸡	临死前，完成了很多心愿：吃酸葡萄、进山洞、对小母鸡表白、亲妈妈。	生命。	
最后一个魔鬼在雕花木床下	绿色长毛鬼	两岁的多多妹妹打破了雕花床下的绿色长毛鬼的孤独。	孤独、善良、爱、陈腐、虚伪。	

《骑鹅旅行记》导读课教学设计

[瑞典]塞尔玛·拉格洛芙著
高子英、李之义、杨永范译
人民文学出版社
2018年6月版

· 作品解读 ·

　　《骑鹅旅行记》是瑞典女作家塞尔玛·拉格洛芙的作品，讲述了十四岁的小男孩尼尔斯，因为捉弄小狐仙，而被变成拇指大的小人，骑在鹅背上跟着大雁旅行的故事。这是一段奇妙的旅程，也是一个男孩的成长之旅。一路上，尼尔斯欣赏了瑞典的自然风光，听到了许多古老的传说，一次次历险，又一次次化险为夷，他也慢慢改正了缺点，从一个调皮、贪玩、任性、懒惰，喜欢捉弄小动物的坏孩子，蜕变成懂事、勇敢、善良、信守承诺、乐于助人的好孩子。

这是一本耐人寻味的书，以童话的形式把民间传说与瑞典真实的人文和自然地理知识融合在一起。语言细腻优美，极具画面感：皑皑白雪、莽莽原野、幽幽森林和漫长的海岸，以及各种动物、名人佚事、历史古迹……读完之后，不禁对瑞典这个国家充满了向往。

教材节选部分选自本书的开头部分，描述了尼尔斯变成小人儿之后，被麻雀和鸡攻击嘲笑、被猫捉弄、被牛教训、骑鹅离家的故事。

·适合年级·

六年级。

·教学目标·

（1）梳理情节，了解尼尔斯变成小狐仙后的变化，多角度评价人物。
（2）选读片段，感受童话的神奇。
（3）对比结局，激发疑惑，引发学生阅读整本书的兴趣。

·教学过程·

一、导入

今天，我们来读一部外国名著——《骑鹅旅行记》的部分章节。

二、认识尼尔斯

（1）请大家默读课文，说一说小男孩尼尔斯变成小狐仙后，他的世界发生了什么变化。

预设：身体变得很小、能听懂动物的话、变得弱小无力（动物们不再怕他，被麻雀和鸡攻击嘲笑，被猫捉弄，被牛教训）。

（2）尼尔斯以前是一个怎样的孩子？作者是如何写出来的？

预设：淘气顽皮、爱搞恶作剧（抽走母亲的小凳、绊倒她）、欺负小动物（扯鸡冠、揪猫尾巴、用木鞋打牛、把马蜂放进牛耳朵）。

作者是通过动物们和尼尔斯的对话表现出来的。

（3）尼尔斯身上就没有一丝优点吗？

预设：勇敢、体贴父母（怕父母发现雄鹅不见了而伤心，抱住鹅脖子）。

三、对比"变化"

我们来读一读这本书结尾的一段话，你发现了什么？

"你好，五月玫瑰！"男孩说着，毫不犹豫地跑进了牛圈，"我父母亲怎么样？猫、鹅、鸡还好吗？你把星星和金百合弄到哪里去了？"

五月玫瑰听见男孩的声音忽然一愣，她本来好像要抵他一下子。但是她如今已经不像以前那样暴躁，在向尼尔斯·豪尔耶松冲去之前先看了看他。男孩还像离开家时一样小，还是原来的装束，但是仍然发生了很大变化。春天从家里逃走的尼尔斯·豪尔耶松脚步沉重，动作迟缓，声音无力，两眼呆滞无神，但是回来的尼尔斯·豪尔耶松动作轻快敏捷，说话干脆利落，目光炯炯有神。他人虽然很小，但是有一种令人肃然起敬的风采。尽管他自己面无悦色，而看见他的人却感到高兴。

"哞，"五月玫瑰叫道，"他们都说你变了样，我还一直不相信呢。欢迎你，尼尔斯·豪尔耶松，欢迎你回来！我很久没有这样高兴过了。"

预设：尼尔斯变了，牛对他的态度也变了。

尼尔斯为什么会有这么大的变化呢？他的这段旅行到底经历了什么呢？

四、感受"神奇"

1. 出示

出示本书目录,从推荐的三个章节中,选择其中一个,也可以另选,边读边批注感受。(批注角度:优美的自然风光、神奇的场景……)

第5章　克拉山鹤舞大表演

第49章　一座小庄园

第51章　大海中的白银

2. 交流预设

(1)克拉山秀丽的绝壁、物产丰富的大海。

(2)游艺集会的壮观神奇(动物之多、表演之奇)。

(3)现实与幻想融为一体(大拇指与作者在小庄园相见,作者的怀乡之情)。

(4)勇敢无畏的渔民。

五、推荐阅读

尼尔斯在旅行中还看到了什么?经历了什么呢?

(1)读一读高子英、李之义、杨永范翻译的《骑鹅旅行记》(人民文学出版社)。

(2)选做。

梳理尼尔斯的主要经历和成长变化。

画一画尼尔斯的旅行图,了解瑞典的地理环境。

朗读、摘录描写瑞典独特风光的句子。

读一读那些传奇的故事,开一个故事会。

传奇故事

《骑鹅旅行记》民间传说	
整理：单以恒	
题　目	主要内容
厄兰岛	古时候有一只身长几十公里的蝴蝶。一天，它飞向波罗的海，遇上了风暴，坠入海中，成为了厄兰岛。
米尔·谢斯婷的回忆	十六岁的米尔·谢斯婷出门闯荡，她靠自己吃苦耐劳的精神，用勤劳的双手创造了财富，让家人过上了相对美好的生活。
斯德哥尔摩	夏末，海上仙女来到小岛，脱下了海豹皮，在岸上玩耍。一个渔民将一位仙女的海豹皮藏了起来，并与她成亲。成亲时，他把海豹皮拿给仙女，仙女见了，立即披上，跳入海中。渔民十分绝望，刺死了仙女。仙女的血与水混在一起，成了仙女留给湖岸的一分遗产。
黑死病	很久以前，黑死病爆发。大森林里有一个男孩活了下来。河谷地区只有一个女孩活了下来。男孩与女孩一起放鹿，一起生活。
耶姆特兰	托尔来到了巨人家里，感受到了巨人的强大和土地的肥沃。
海尔叶达伦	一群狼袭击了一个卖桶的人，一位老妇人来了，卖桶人让老妇人驾车去求助村里的人，自己钻进桶里逃过一劫。
铁匠	海尔叶达伦有个铁匠，他靠铁锤便可把铁敲热。
海尔叶乌尔夫	海尔叶乌尔夫带着仆人和财宝，在达拉那省背部大森林里定居。
韦姆兰	从前有七个人，合力将韦姆兰打造成为一个风景秀丽的地方。
斯莫兰	上帝创造世界时，圣彼得也央求创造了一块土地，却十分糟糕。
考尔毛登森林	人们到考尔毛登森林里，靠森林发家致富。
卡尔	即将被枪杀的小狗卡尔因救了一只小鹿而得救。
灰皮子	驼鹿灰皮子得知自己将被卖掉，在卡尔的帮助下逃进了考尔毛登森林。
无能	游蛇无能央求蝰蛇克里莱减少对僧尼舞蛾的捕杀，通过虫灾驱逐灰皮子。最后，尼尔斯惩罚了无能。
卡伊萨女神	女神卡伊萨喜欢恶作剧，并残酷地对待坏人。
老巨人	老巨人临终前将遗产分给了三个儿子。
法隆矿	人们发现了巨人的铜山，为国家带来了财富。
乌普兰	乌普兰靠乞讨成为了一片富裕的地方。

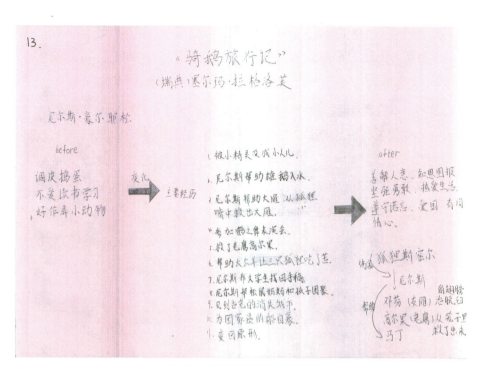

任欣怡 《骑鹅旅行记》思维导图

《小王子》交流课教学设计	[法]安东尼·德·圣艾克修佩利 著 程玮 译 广西师范大学出版社 2014年8月版	

· 作品解读 ·

《小王子》是法国作家安东尼·德·圣艾克修佩利于1942年写成的著名童话。

第六章 童话的教学案例 215

本书的主人公是来自外星球——小行星 B612 号的小王子。书中以一位飞行员作为故事叙述者，讲述了小王子从自己的星球出发前往地球过程的各种历险。小王子的星际旅行，契合了"在家—离家—归家"的叙事模式。

　　这是一本哲理童话，作者以小王子孩子式的眼光，透视出成人的空虚、盲目、愚妄和死板教条，用浅显天真的语言写出了人类的孤独寂寞、没有根基、随风流浪的命运。同时，也表达出作者对金钱关系的批判，对真善美的讴歌。这是一部伟大的作品，用童话的方式，清浅又深刻地诠释了什么是"驯养"，诠释了爱、责任和担当的真正内涵。

·教学对象·

　　六年级。

·教学目标·

　　（1）借助思维导图讲述故事，厘清故事脉络，发现叙事模式。

　　（2）讨论作品的象征意味，感受童话中的诗意和哲思，激发学生进一步深入阅读的兴趣。

·教学过程·

一、导入课题

　　同学们，今天，我们来讨论《小王子》这本书。这是一部伟大的作品，一遍又一遍地重读，不同年龄的人能读出不同的感悟。

二、整体感知,发现叙事模式

1. 出示情节图,接龙讲述故事

六年级 李湘越 《小王子》情节图

2. 发现叙事模式(故事套故事)

(1)"我"的童年经历—飞机故障—在沙漠中与小王子相遇。

(2)小王子的星际旅行:

第一颗行星、第二颗行星、第三颗行星、第四颗行星、第五颗行星、
(国王) (爱虚荣的人) (酒鬼) (商人) (点灯的人)

第六颗行星、地球

(地理学家)("我")

三、深入精读,领悟童话哲思

小王子在星际旅行中遇见了很多人,书中哪些地方留给你深刻的印象,带

来怎样的启迪呢?

1. 那些奇怪的人，那些奇怪的行为，那些可笑的话

这些大人真奇怪。

大人们，大概都这么奇怪。

这些大人实在是太奇怪，太奇怪了。

这些大人们真的奇怪极了。

——小王子

在小王子眼里，大人们很奇怪，他们奇怪在哪里呢？聊聊那些奇怪的人，那些奇怪的行为，读读那些可笑的话……有什么象征和隐喻？

（学生自由发表自己的看法，结合书中具体的文字，师生之间、学生与学生之间，读者与文本之间多重碰撞，提升认识和理解。）

（1）国王（权威）。

其实国王就是要别人尊重他的权威。

向每个人提出的要求应该是他们所能做到的。权威首先应该建立在理性的基础上。

（勾连时事，帮助学生理解"权威"。）

（2）爱虚荣的人。

在那些爱虚荣的人眼里，别人都是他们的崇拜者。

凡是爱虚荣的人只听得进赞美的话。

（3）逃避现实的酒鬼。

"你在干什么？"小王子问酒鬼，这个酒鬼默默地坐在那里，面前有一排空空的酒瓶，一排装满酒的酒瓶。

"我喝酒。"他阴沉忧郁地回答。

"你为什么喝酒？"小王子问道。

"为了忘却。"酒鬼回答。

小王子有点可怜酒鬼。他问道:"忘却什么呢?"

酒鬼垂下脑袋坦白说:"为了忘却我的羞愧。"

"你羞愧什么呢?"小王子很想帮助他。

"因为我酗酒。"酒鬼说完以后就再也不开口了。小王子迷惑不解地离开了。

在旅途中,他对自己说:"这些大人实在是太奇怪,太奇怪了。"

(朗读对话,联系现实中的人或联结自我来理解酒鬼的荒诞可笑。)

(4)商人(认真、严谨,眼里只有钱)。

我是个严肃的人,我没工夫跟你闲聊!

我把星星的数目写在一片小纸片上,然后把这片纸锁在一个抽屉里。

(5)点灯的人(忠诚、死板)。

(6)地理学家(看上去很有学问)。

地理学家太重要了,所以不能到处乱跑。

小结:迷恋权威的国王、爱慕虚荣的人、逃避现实的酒鬼、贪得无厌的商人,他们有什么共同点?(心里都只想着自己,都代表了大人的不足或缺陷,都映射着现实中的病态的大人世界……相机板书:占有、统治、贪婪、虚荣。)

师生合作,重读小王子的感慨——

迷恋权威的国王("这些大人真奇怪。")

爱慕虚荣的人("大人们,大概都这么奇怪。")

逃避现实的酒鬼("这些大人实在是太奇怪,太奇怪了。")

贪得无厌的商人("这些大人们真的奇怪极了。")

2.关于"驯养"

(1)默读第二十一章,批注感受;

(2)指名分角色朗读;

(3)朗读重点句子,谈感受。

①理解"驯养"。

第六章 童话的教学案例

"驯养,这是已经被人遗忘的事情了,"狐狸说,"它的意思就是'建立信任'。"

"一点不错,"狐狸说,"对我来说,你还只是一个小男孩,就像其他千万个小男孩一样。我不需要你,你也同样用不着我。对你来说,我不过是一只狐狸,和其他千万只狐狸一样。但是,如果你驯养了我,我们就互相不可缺少了。对我来说,你就是世界上唯一的了。我对你来说,也是世界上唯一的……"

"如果你驯养了我,我的生活一定会充满阳光。你的脚步声就跟其他人的不同,我会分辨出你的脚步声。其他的脚步声会使我躲到地下去,而你的脚步声就会像音乐一样吸引我从洞里走出来。再说,你看!你看到那边的麦田没有?我不吃面包。麦子对我来说,一点用也没有。我对麦田无动于衷。这真使人扫兴。但是,你有着金黄色的头发。哦,一旦你驯养了我,这就会变得十分美妙。麦子的金黄色会使我想起你。而且,我甚至会爱上那风吹麦浪的声音……"

"驯养"需要什么?

要建立信任、要非常耐心、要渐渐靠近、要有一定的仪式、要舍得花费时间、要负责……

②理解"独一无二"。

狐狸:你再去看看那些玫瑰花吧。你一定会明白,你的那朵是世界上独一无二的玫瑰。你回来跟我告别时,我还赠送给你一个秘密。

小王子:你们一点也不像我的那朵玫瑰,你们还什么都不是呢!没有人信任你们,你们也没有信任任何人。你们就像我的狐狸过去那样,它那时候只是和千万只别的狐狸一样的一只狐狸。但是,我现在已经把它当成了我的朋友,它现在就是世界上独一无二的了。

"你们很美,但你们是空虚的。"小王子继续对她们说,"没有人能为你们去死。当然啰,我的那朵玫瑰花,在一个过路人的眼里,跟你们也一样。可是,她单独一朵就比你们全体更重要,因为她是我浇灌的。因为她是我放在玻璃罩中的。因为她是我用屏风保护起来的。因为她身上的毛虫(除了留下两三只变蝴蝶以外)是我除灭的。因为我倾听过她的牢骚和吹嘘,甚至有时我聆听她的沉默。因为她是我的玫瑰。"

小行星 B612 号的玫瑰，那是一朵"独一无二"的花吗？（小王子对玫瑰说的话）

一个人用心灵去看，才看得最清楚。本质的东西，用眼睛是看不见的。

理解这句话的含义。（板书：责任）

（4）聊聊"我"、狐狸和小王子（简略聊）。

我和小王子为何能谈得来？

预设：他们都很孤独。没有一个真正能交谈的人。

小王子可以读懂我的画——蟒蛇吞大象。

小王子眼里的大人和我眼里的大人是一样的。

懂得彼此：

在这个熟睡的小王子身上，使我感动的，是他对他那朵花儿的忠诚，是在他心中闪烁的那朵玫瑰花的形象。这朵玫瑰花，即使在小王子睡着了的时候，也像一盏灯一样在他身上闪耀着……

（5）联结，聊聊"驯养"的故事。

你驯养过什么？又被什么驯养？（引导学生从友情、亲情、动物、植物、自然、爱好、物品等角度展开交流。）

我奶奶家养了一只流浪狗，记得刚捡回来的时候，只有一点点大，还需要喝奶，模样超级可爱。奶奶就像呵护婴儿一样，买来了奶瓶给"小可爱"喂牛奶。别看这家伙小，可喝起牛奶来就像饿虎一样，后来，奶奶就给它取名"奶虎"。

时间一天一天过去了，在奶奶的精心呵护下，奶虎也长大了。长大后的奶虎很像只狐狸，长长的大尾巴，黑黑的眼睛炯炯有神。它特别忠诚，每次奶奶出门，它就寸步不离地跟在奶奶身后，活像个保镖。每当我星期天回老家，它总是第一个来迎接我，常常会兴奋得"尿裤子"，还直往我怀里钻。

直到几天前，它生病了，懂事的奶虎怕奶奶难过，就自己藏在了一个隐蔽的地方，独自忍受痛苦。奶奶一直都找不到它，担心得睡不着觉，人也变得憔悴了。

爸爸担心奶奶身体，也回去帮忙找，原来它躲在了河边的草丛里。奶奶心疼地抱着它，生怕它突然消失。但不该来的还是来了，奶虎不在了，它永远离开了我们。

今天，又是一个星期天，我回家看望奶奶，可再也看不到远远来迎接我的奶虎了。心里感觉空落落的，有点忧伤。

奶虎——我好想念你，谢谢你曾经带给我的快乐。（顾佳怡）

我们家有一盆花，那是姑姑带回来的，它有个很动听的名字——"欧月"。

欧月有着深绿色的茎，粗壮而妖娆。它看起来身强力壮，却经常招虫子。几次喷治后，欧月几乎枯死，越来越瘦。妈妈好几次想把它扔掉，都被我阻拦住了，我是真心喜欢它，想将它救活。于是，我把它搬到二楼平台，帮它修理枯枝败叶，经常为它洒水，慢慢地，欧月竟坚强地活过来了。

我喜欢看欧月开花：一开始是淡粉的花骨朵，草绿色的花托护着它，如护卫般坚定不移；过了几天，它渐渐绽开了笑脸，不过还有些羞答答的；再过几天，它终于开花啦！深粉的花瓣用力向外撑开，努力绽放美丽。我知道，它长大了再也无需守门护卫了！

每天放学回来，路过二楼平台，首先映入眼帘的便是它。我凝视着它，一切烦恼便烟消云散了，欧月就像是我的心灵净化器，我可真离不开它呀！

我要好好呵护它，待它枝繁叶茂、花开满枝时，我就邀上好友来共赏！（夏子悦）

我有一支钢笔，它已经伴随我几年了。虽然钢笔有些掉漆了，但真的很耐用。当我写字时，我就会习惯地拿出它，用它写下许多好看的字。有一天，我又在文具店里看到了许多非常好看的钢笔，就忍不住买了一支，它的外表可比那支旧钢笔好看多了，我有些迫不及待地想要试试。一开始还是挺好用的，但是用得久了，没写几个字就会断墨，真让人烦恼。这时，我才想起那支旧钢笔。我将它从笔筒里找出来，居然还可以用。我把它小心翼翼地放进笔袋。（王一冉）

小时候老家门前有一棵大树，这棵树的年龄比我还要大。从我记事起每天都要到树下去坐坐，听着风吹过树梢的声音，树叶在沙沙作响，格外好听。

小时候的我比较调皮，总喜欢踩着凳子爬到树上，然后坐在树杈上面看书或欣赏周围的风景。父母来的时候，张开双臂让他们抱我下来。

我越来越依赖这棵树，在学校里遇到不开心的事，回到家坐在树下向它倾诉，遇到开心的事我讲给它听，我相信它能听见，我把它当成真正的知心朋友……

后来啊，树要被砍了，我将再也见不到它了。在被砍的前一晚，我就静静地靠在树上，什么也没说。

第二天，树没了，我真的再也见不到它了……（宋羽）

家里的书不少，但我最喜欢的是那一本本关于诗词的书，读到"床前明月光，疑是地上霜……"我体会到了诗人的思乡之情；读到"争渡，争渡，惊起一滩鸥鹭"，我感受到诗人李清照儿时的欢乐……每读一首，思绪万千。日复一日，年复一年，我读到了不少诗词，体会到了人世间的酸甜苦辣。（顾向前）

六年级开学时，我结识了钱欣悦。她是一个优秀的女孩，书法、体育、绘画……样样擅长。

我的体质不太好，一次体育训练，跑完有点难受，想靠在操场的围栏上休息一下。"呼——吸——"我慢慢调整呼吸，回头望时，很多人快排好队准备回家了，我只好也去拿包。只见"老钱"一手挎着自己的包，一手挽着我的包，我赶忙去提我的包。"谢谢！"我有点不好意思。

"没事。"她回应我，我们又一起走向队伍，她接着又打趣道："你的包可不轻哦。""嗯——"我的嘴角轻轻上扬。过了一会儿我有点头晕、耳鸣，越来越无力，"老钱"见状，换了只手提包，腾出一只手扶我："你没事吧？""没，有点想吐，一会儿就好了。"

背后，一片橙黄色的夕阳照着，面前，两个人长长的影子连着，互相依靠，互相搀扶……（李湘越）

不知不觉，画画三年了。有一次绘画，颜色已经涂了大半，忽然发现形状不对，但实在懒得修改，于是那幅画便敷衍了事了。没过几天，又重新拿起这幅画，心里觉得有点愧疚，总感觉好像对不起它。嘴上总是抱怨，手里却拿着画笔认真修改起来，终于把画改成了自己觉得满意的模样。跟别人说画得不好，回家后却把它收藏了起来……（钱欣悦）

3. 那些诗意和哲思：朗读分享自己摘抄的句子

（具体内容略。）

4. 分享译者感悟

当一个人成年以后再次阅读《小王子》的时候，他会明白，这本薄薄的书，其实是一本写出了人类美丽情怀的大书。从小王子身上，我们可以看到人类最基本最美好的情感：友爱，信任，依恋和责任。通过小王子的眼睛，我们也看到了人类最致命最可怕的弱点：占有，统治，贪婪和虚荣。小王子教会我们每个人一条重要的做人的准则：人和人之间，人和动物之间，人和植物之间，人和自然之间，应该建立起一种信赖和理解的关系。一旦建立起这种关系，大家相互之间就应该负起责任，而这种责任将持续一生一世。

——《小王子》译者 / 程玮

四、推荐"阅读"

（1）电影《小王子》。

（2）图书《夜航》。

这是一部关于暴风雨、星空和寻找的不朽浪漫小说，描写了某个夜晚，三架邮政飞机分别从巴塔哥尼亚、智利和巴拉圭，一起飞往布宜诺斯艾利斯，其中的一架由于遭遇飓风而坠毁的故事。飞行员法比安挣扎在电闪雷鸣的夜空、航线负责人里维埃忐忑在灯火通明的办公室，一动一静，一暗一明，两条线索展开，大反差的光与影的画面交替出现，紧凑而又富有节奏感，惊心动魄。高山沙漠，风暴雷雨，这些变幻诡谲的自然现象，在作者笔下立体鲜活；饱含感情又具象的文字，具有强大的感染力。

[法] 安托万·德·圣埃克苏佩里著，梅思繁译，天津人民出版社 2017 年 1 月版

关于讽刺
——《小王子》阅读单
❶

《小王子》是一部哲理童话,充满了象征和隐喻,小王子在星际旅行中,遇见了谁,目睹了什么,讽刺了什么?一边读,一边梳理出来哦!

遇见的人	发生的事	隐喻或讽刺了什么样的人

关于驯养
——《小王子》阅读单
❷

读了《小王子》,你觉得"驯养"是什么?"驯养"需要什么?你驯养过什么?又被什么驯养?写写关于"驯养"的故事。

参考文献

（一）著作类

[1] 朱自强．儿童文学概论 [M]．北京：高等教育出版社，2009．

[2] 彭懿．走进魔法森林：格林童话研究 [M]．北京：外语教学与研究出版社，2010．

[3] 汤锐．童话应该这样读 [M]．北京：接力出版社，2012．

[4] 吴其南．中国童话发展史 [M]．上海：少年儿童出版社，2007．

[5] 韦苇．世界童话史 [M]．上海：复旦大学出版社，2015．

[6] 马力．世界童话史 [M]．沈阳：辽宁少年儿童出版社，1990．

[7] 洪汛涛．童话学 [M]．合肥：安徽少年儿童出版社，1986．

[8] 朱自强．黄金时代的中国儿童文学 [M]．北京：中国少年儿童出版社，2014．

[9] 韦苇．外国儿童文学发展史 [M]．上海：少年儿童出版社，2007．

[10] 王爱华．快乐读书吧　整本书可以这样教 [M]．桂林：广西师范大学出版社，2021．

[11] 周作人．周作人论儿童文学 [M]．北京：海豚出版社，2012．

[12] 张学青．给孩子上文学课 [M]．北京：中国人民大学出版社，2017．

[13] [丹] 安徒生．安徒生童话全集 [M]．叶君健，译．天津：天津人民出版社，2014．

[14] [法] 阿兰·维康德雷．爱的传奇："小王子"和他的玫瑰 [M]．边静，译．海口：南海出版公司，2006．

[15] [美] 布鲁诺·贝特尔海姆．童话的魅力：童话的心理意义与价值 [M]．舒伟，丁素萍，樊高月，译．北京：社会科学文献出版社，2014．

[16] 林良．纯真的境界 [M]．福州：福建少年儿童出版社，2017．

[17] 林良．浅语的艺术 [M]．福州：福建少年儿童出版社，2017．

[18] [法] 保罗·阿扎尔．书，儿童与成人 [M]．梅思繁，译．长沙：湖南少年儿童出版社，2014．

[19] 蒋军晶．指向语文要素：蒋军晶统编版小学语文教学设计 [M]．北京：中国人民大学出版社，2021．

[20] [意]卡尔维诺.论童话[M].黄丽媛,译.南京:译林出版社,2018.

[21] 周晓波.现代童话美学研究[M].西安:未来出版社,2016.

[22] 钱淑英.雅努斯的面孔:魔幻与儿童文学[M].郑州:海燕出版社,2012.

[23] 蒋军晶.和孩子聊书吧——让孩子爱上阅读[M].北京:教育科学出版社,2014.

[24] 蒋军晶.让学生学会阅读——群文阅读这样做[M].北京:中国人民大学出版社,2017.

[25] 朱自强.小学语文儿童文学教学法[M].南昌:二十一世纪出版社,2017.

[26] [日]河合隼雄.童话心理学[M].赵仲明,译.海口:南海出版公司,2015.

[27] [美]谢尔登·卡什丹.女巫一定得死:童话如何塑造性格[M].李淑珺,译.北京:机械工业出版社,2014.

[28] [美]艾伦·B·知念.从此以后:童话故事与人的后半生[M].刘幼怡,译.桂林:广西师范大学出版社,2016.

[29] 吕旭亚.公主走进黑森林:用荣格的观点探索童话世界[M].北京:北京联合出版公司,2018.

[30] 周益民.我与课堂[M].南昌:二十一世纪出版社,2020.

(二)硕博论文类

[1] 宋倩.儿童本位理念下童话阅读教学研究——以安徒生童话作品为例[D].济南:山东师范大学,2020.

[2] 舒波.王一梅童话研究[D].南京:南京师范大学,2008.

[3] 赵文静.西方经典童话之于小学语文阅读教学研究——以《安徒生童话》《格林童话》为例[D].重庆:重庆师范大学,2019.

(三)学术期刊、报刊类

[1] 彭盈盈.王一梅童话对儿童心灵成长的积极意义[J].文学教育,2016(4).

[2] 陈海波.整本书阅读有效路径探寻——从王君教学《小王子》谈开去[J].中学语文教

学参考，2018（12）.

[3] 祁智.童话教学的典型问题透视与突破——以部编小学语文教材二年级下册《蜘蛛开店》为例[J].语文教学通讯·小学，2018（9）.

[4] 朱国忠.童话教学需要启用"童话思维"[J].语文教学通讯，2011（7-8）.

[5] 马丽，王溶冰.解读"语言密码"培养低段学生讲故事能力——《蜘蛛开店》第一课时教学案例及分析[J].西藏教育，2018（10）.

[6] 倪明.殊途同归，合力"想象"——《小真的长头发》《我变成了一棵树》对比学习[J].语文建设，2019（6）.

[7] 陈明慧.统编小学语文教材中的童话教学[J].中小学教材教学，2019（12）.

[8] 梁昌辉.依据童话文体特征，实施童话本体性教学[J].语文教学通讯，2016（1）.

[9] 金莉莉.一个童话叙事模式的中西比较——重读《稻草人》与《快乐王子》[J].浙江学刊，2000（5）.

[10] 吴忠豪.将科学童话故事上出浓浓的语文味——评顾家璋《小壁虎借尾巴》课堂实录[J].语文建设，2019（9）.

[11] 陈柯晓.现实的与唯美的——重读《稻草人》与《快乐王子》[J].名作欣赏，2020（6）.

[12] 胡志远.绘制故事地图 探寻阅读脉络——王一梅幼儿童话教学初探[J].江苏幼儿教育，2017（2）.

[13] 胡志远.王一梅童话研究述评[J].文学研究，2014（3）.

[14] 王一梅.走近童话[J].中国儿童文学，2003.

[15] 宋丽华.遇见童话，遇见美[J].小学时代，2020（3）.

[16] 周益民.水妖喀喀莎：伟大的美丽和悲怆的崇高[N].中华读书报，2017-09-13.